ESTADO DE CHIAPAS

GEOGRAFÍA Y ESTADÍSTICA

RECURSOS DEL ESTADO, SUS ELEMENTOS,
CONDICIONES DE RIQUEZA, PORVENIR AGRÍCOLA, ETC., ETC.

DATOS RECOGIDOS

POR

D. RAMON RABASA

DE ORDEN DEL GOBIERNO DEL ESTADO Y PUBLICADOS POR ACUERDO

DEL

PRESIDENTE DE LA REPÚBLICA

MÉXICO

TIPOGRAFÍA DEL CUERPO ESPECIAL DE ESTADO MAYOR

1895

EL ESTADO DE CHIAPAS

GEOGRAFÍA Y ESTADÍSTICA

EL
ESTADO DE CHIAPAS
GEOGRAFÍA Y ESTADÍSTICA

CHIAPAS.

I

DATOS GEOGRÁFICOS

Situación geográfica.—El Estado de Chiapas, que desde 1824 forma parte de la República Mexicana, ocupa la parte Sud-Este del territorio de ésta y se extiende desde los 14º 31' hasta los 17º 51' de latitud Norte y entre los 4º 50' y 8º 02' de longitud Este de México.

Colinda al Norte con el Estado de Tabasco, al Oeste con los de Veracruz y Oaxaca; al Sur con el Oceano Pacífico y al Oeste con la República de Guatemala.

Su extensión total es de unos 61,300 kilómetros cuadrados.

Configuración física.—El territorio del Estado está dividido por la Sierra Madre en dos regiones desiguales: la del Sur que se dirige al Oceano Pacífico y la del Norte que va al Atlántico. La corriente de las aguas que por las vertientes australes corren hacia el Pacífico y por las boreales hacia el Atlántico, caracterizan perfectamente la Sierra Madre distinguiéndola de las demás cadenas de montañas que atraviesan el Estado, que no son más que contrafuertes derivados directa é indirectamente de aquéllas.

La región del Sur la constituye la angosta faja que corre entre las crestas de la Sierra Madre y las orillas del mar Pacífico, que tiene una latitud media de 60 kilómetros. En esta región están comprendidos los departamentos de Soconusco y Tonalá.

La región del Norte abarca todo el resto del Estado, al cual cruzan en todas direcciones los contrafuertes primarios que arrancan de la Sierra Madre y los secundarios que de ellas se desprenden.

Las principales eminencias de la Sierra Madre desde el Volcán de *Tacaná* hasta *La Gineta* son las siguientes: *Tonincaná* (2640 metros) Niquivil, Cumbres de Buenavista (864 m.) y los cerros de Escuintla, Madre Vieja (2613 m.), Mapastepec, Novillero, Tres-picos y La Gineta.

En la parte boreal de la Sierra, los contrafuertes son muy numerosos siendo los principales, los que siguen:

El *Cuchumatanes* que arranca cerca del volcán de Tacaná y dirigiéndose al Nordeste termina en el cerro Ixbul.

De la eminencia de Tres-picos se desprende otra sierra al Nordeste que termina en la mesa de Copoya (Tuxtla). Sus principales alturas son: *Cerro Brujo, Mactumatzá* y *Cerro Hueco.*

De *Cerro Brujo* se desprende al Noroeste sobre la mesa de Ocosucoutla, la sierra de *Petapa.*

De *La Gineta* arranca otra sierra ó contrafuerte que puede llamarse de *Pantepec*, bordea el Valle de Zintalapa y continuando hacia el Nordeste va á terminar en las llanuras de Pichucalco. Sus principales eminencias son: *Cinco-cerros, Tierra negra, La Colmena*, el *Chiquihuite* al Sur del pueblo de Quechula y el *Tzutziaquioxmó* (1715 m.) cerca de Pantepec; *La Niebla* (1662 m.) *El Chichonal* (1214 m.) y el *Ixtapangajoya* (840 m.) Del mismo cerro *La Gineta* se dirige otro contrafuerte rumbo al Nordeste terminando á orillas del río Mezcalapa. Sus principales alturas se llaman *Chilillo, Nanchital* y *Mono-pelado.*

El *Cerro Chiquihuite* del contrafuerte *Pantepec* es el núcleo de donde arranca el contrafuerte que puede llamarse de *Hueitepec*, el cual atravesando hacia el Sudeste próximamente todo el Estado, va á terminar en la márgen derecha del *río de la Pasión*. Sus principales alturas son: el *Congozoc*, el *Zoquinoc*, el *Sumidero*, (Tuxtla), el *Yalentai* y el gran cerro *Hueitepec*, (2704 m.) al Oeste de San Cristóbal las Casas.

Del núcleo del *Hueitepec* sale hacia el Norte otro contrafuerte que se divide en tres ramales en el cerro Zontehuitz, que pueden llamarse de *Oxchuc, Cancuc* y *Zontehuitz.*

En dirección opuesta á la anterior se desprende del mismo núcleo la sierra del *Barrero*, que después de separar las aguas de *Río-Hondo* de las que forman el río *Plátano* continúa con el nombre de Sierra *Bochil*, teniendo como principal eminencia el gran *Cerro Manzanilla.*

En este cerro la sierra vuelve á dividirse en tres ramales: uno que se dirige al Nordeste, otro al Noroeste y el de San Bartolomé que va á unirse con el contrafuerte Pantepec en las cumbres del *Tzutziaquioxmó.*

La sierra de *Cancuc*, desprendida del gran cerro *Zontehuitz* separa las aguas de los ríos *Jataté, Chagté,* y termina en el cerro *Guaquitepeque* (Chilón).

De este cerro de *Guaquitepeque* se desprenden otros cinco ramales. El primero llamado *Dolores*, separa las aguas del río *Jataté* de las que forman una laguna al Nordeste de Ococingo (Chilón). Otro separa las aguas de esta laguna, de otra llamada *Zaquilá*, que es la cabecera del río *Chacamás* (Palenke). Otro contrafuerte que va á terminar en las célebres ruinas del Palenke separa las aguas de la citada laguna *Zaquilá* de las que forman el río Tulijá. Otro, que puede llamarse *Sierra de Tumbalá* se dirige al Norte, y por último, el quinto ramal divide las aguas de los ríos Joljá y Najpá del río Tapijulapa.

Mesas ó Altiplanicies.—De las orillas del Oceano Pacífico el terreno asciende suavemente en las llanuras de los Departamentos de Tonalá y Soconusco hasta llegar á las primeras estribaciones de la cordillera de la Sierra Madre. Tras las cumbres de éstas, bajan por la vertiente boreal los Valles de Comitán, Custepeques, Frailesca y Cintalapa que forman una gran altiplanicie, que conteniendo seis de los contrafuertes antes descritos forman la vertiente izquierda de la gran cuenca del río de Chiapa, desde su nacimiento en el *Cuchumatanes* hasta la confluencia de los ríos *Santo Domingo* y *Suchiapa* al Sur de la ciudad de Chiapa. Esta altiplanicie (500--600 metros sobre el nivel del mar) es el primer escalón para subir á la gran Sierra *Hueitepec.*

La parte de la vertiente izquierda de la gran cuenca del río de Chiapa comprendida entre el río de *Suchiapa* y *La Venta* la forma la altiplanicie de Ocosucoautla (860 m.) que presenta fuertes escarpas en su descenso al gran río. Más arriba, la mesa de Ocuilapa (1100 m.) forma el último escalón para llegar á la Sierra *La Montaña*, cuya cuesta se denomina *Yerba Santa.*

La altiplanicie de *Istapa* (1000 m.) es una prolongación de la de Ocosucoautla de la cual está separada por el río de Chiapa. Ambas constituyen el segundo escalón para subir á la sierra de Hueitepec.

El tercer escalón lo forman los valles de Zinacantan y San Cristóbal sobre el cual se levanta el gran cerro citado.

Hacia el Oriente está el Valle de Ococingo, y al Nordeste las planicies del Palenke.

Ríos y Lagos.—La Sierra divide las aguas en sus dos vertientes echando unas hacia el mar Atlántico y otras al Pacífico.

Los ríos formados por éstas son de corta extensión y de curso rápido y torrentoso muchos de ellos. Los principales son: El *Suchiate* que en cierta extensión sirve de linea divisoria con Guatemala, el *Cahoacan, Coa-*

tán, el *Huehuetan*, el *Huistla*, el *Despoblado*, el *Novillero*, el *Cuapa*, el de *Pijijiapam*, *Nancinapa*, *Los Patos*, *Ocuilapa*, *Sanatenco*, *Tiltepec* ó *Lagartero* y el de las *Arenas* en los límites con el Estado de Oaxaca.

Todos estos ríos que se crecen y se desbordan en la época de las lluvias conservan poca agua en el resto del año, y ninguno es navegable.

Por la vertiente Norte descienden las aguas que van al Atlántico formando muchos ríos, de los cuales los principales son el de *Chiapa* ó *Mezcalapa* que forma la gran cuenca Occidental ó Central; y el *Usumacinta* que forma la gran cuenca Oriental; los demás ríos son tributarios de una de estas dos.

El Río de Chiapa.—Nace este río en la Sierra de Cuchumatanes, y es conocido allí con el nombre de *Chejel*, toma más abajo el nombre de río de Chiapa, al atravesar los departamentos de Libertad y Chiapa, después de haber pasado por el de Comitán; pasa al Norte de Tuxtla Gutiérrez por la cortadura llamada Sumidero, continúa con el nombre de Mezcalapa por el límite Occidental del departamento de este nombre, y se interna en el Estado de Tabasco, donde recibe el nombre de *Grijalva* en honor de su descubridor Juan de Grijalva (1518), pasa por San Juan Bautista, capital de aquel Estado y desemboca en la Barra de Frontera, después de haber recorrido unos 760 kilómetros desde su nacimiento. Navegable para pequeñas embarcaciones desde la hacienda Chejel frente á Comitán hasta *Chiapa de Corzo*, se precipita después en la gran cortadura del Sumidero y continúa por un lecho pedregoso y accidentado hasta llegar á Quechula, de donde parten las canoas que hacen el comercio entre Chiapas y Tabasco. La navegación hasta San Juan Bautista es fácil y segura, exceptuando el lugar llamado *Malpaso*, en donde grandes peñascos interceptan la corriente del río formando canales angostos que son verdaderos torrentes, por donde pasan las canoas á *buen viaje*, es decir abandonadas á la corriente que las lleva por entre aquellas peñas con una velocidad vertiginosa. Tributarios de este río son la mayor parte de los del Estado, mereciendo citarse los siguientes:

El Blanquillo, navegable desde su desembocadura en el río Grijalva cerca de San Juan Bautista, hasta Pichucalco, hasta donde llegan pequeños vapores.

El de *Teapa*, que desciende de las montañas de Chiapas y es navegable en gran extensión.

El de *Tapijulapa*, afluente del anterior y navegable hasta Pie de la Cuesta.

El de *La Venta*, que reune todas las aguas de la parte Occidental del Departamento de Tuxtla, y desemboca al río *Mezcalapa* en *Malpaso*.

El de *Santo Domingo*, que desemboca al Sur de la ciudad de Chiapa.

El Tulijá, que nace en el Departamento de Chilón, atraviesa el del Palenke y es navegable para pequeños vapores desde Salto de Agua.

Y otros más que traen al gran cauce las aguas de los Departamentos de Comitán, La Libertad, Chiapas, Simojovel, Las Casas, Tuxtla, Mezcalapa, Pichucalco, Chilón y Palenke.

La gran cuenca Oriental la forma el *Río Usumacinta* (Mono Sagrado). Procede este río de Guatemala; sirve en alguna extensión de línea divisoria entre dicha República y México, y después de formar la isla de Chinal en el Palenke, se abre en dos brazos, siguiendo uno con el primitivo nombre hasta desembocar en el Grijalva abajo de San Juan Bautista, y llevando el otro sus aguas á la Laguna de Términos en el Estado de Campeche con el nombre de río de *Palizada*.

Afluyen al Usumacinta ríos tan importantes como el *Jataté*, que corre por tierras de Chilón, hasta unirse con el *Tzaconejá* que nace en Comitán, formando ambos el río de *La Pasión*, que desemboca en el gran río.

El río *Chacamás*, que nace en la laguna Zaquilá y pasa cerca de las famosas ruinas del Palenke.

El único lago de alguna importancia es el *Tepancuapan* en el Departamento de Comitán.

Por el río *Usumacinta* se extrae mucha madera de Chiapas, que embarcada en Tabasco, recibe en los mercados europeos el nombre de ese Estado. Los Departamentos de Chilón y Palenke tienen en sus grandes ríos vías de comunicación que les traerán riquezas incalculables, cuando sean bien explorados y remonten sus aguas vapores que deban llevar al Atlántico los valiosos productos de aquellas tierras.

El Estado tiene pues, fácil acceso en la parte del Norte con el Golfo de México por sus hermosos ríos; y al Sur directamente con el mar Pacífico. Por esta parte facilitan el tráfico los esteros ó lagunas marítimas que comienzan cerca de Tehuantepec en el Estado de Oaxaca, siguen por toda la costa de Chiapas y terminan en aguas de Guatemala. En varios lugares se comunican con el Océano por barras que tienen profundidad suficiente para dejar entrar buques pequeños, y aunque están separados unos de otros por fajas de tierra firme que se adelanta hasta el mar, son ellas tan bajas que en la época de las lluvias se unen los esteros dejando libre la navegación para canoas en largas distancias, como son de la *Joya* en Tonalá hasta las Salinas de Mazatán en Soconusco y de Paredón en Tonalá, hasta la laguna superior en Tehuantepec.

II

PRODUCTOS

La circunstancia que sea el Estado tan montañoso, hace que tenga gran variedad de temperaturas, y por lo tanto gran diversidad de producciones. En su suelo pueden cultivarse ventajosamente todas las de los climas templados y cálidos. Los principales productos agrícolas que ahora se explotan son los siguientes:

Añil. En los Departamentos de Tonalá, Tuxtla, Chiapa y La Libertad.

Azúcar. En todo el Estado.

Algodón. En los Departamentos de Soconusco, Chiapa y La Libertad.

Cacao. En los Departamentos de Pichucalco, Mezcalapa y Soconusco.

Café. En los Departamentos de Soconusco, Tuxtla, Mezcalapa, Simojovel, Palenke y Chilón.

Hule. En los Departamentos de Soconusco, Tonalá, Pichucalco, Mezcalapa, Simojovel, Chilón y Palenke.

Maíz, frijol y arroz. En todo el Estado.

Tabaco. En Simojovel, Tonalá, Soconusco, Mezcalapa y Chiapa.

Trigo. En el Departamento de Las Casas.

III

Gobierno

Durante la época colonial, Chiapas formó parte de la Capitanía General de Guatemala, de la cual se separó en 1821, uniéndose definitivamente á México en 1824.

Como una de las entidades que forman la Confederación de los *Estados Unidos Mexicanos*, reconoce como ley suprema la Constitución general de la República, y es libre y soberano en cuanto concierne á su régimen interior con arreglo á las disposiciones de la Constitución particular del Estado.

De acuerdo con ella, el Gobierno de éste se divide en tres poderes: Legislativo, Ejecutivo y Judicial.

El Poder Legislativo, que tiene el encargo de formar las leyes, lo compone el *Congreso*, compuesto de doce diputados, electos cada dos años uno por cada Departamento. El Congreso tiene anualmente dos períodos de sesiones ordinarias: el primero del 16 de Septiembre al 15 de Diciembre; y el segundo del 1º de Abril al 31 de Mayo. Durante el receso de la Cámara, sigue funcionando la *Diputación permanente*, compuesta de tres diputados.

El Poder Ejecutivo, está representado por una sola persona electa popularmente, que lleva el título de *Gobernador del Estado*. Toma posesión el día 1º de Diciembre, y dura cuatro años en sus funciones. Tiene la facultad de administrar, hace ejecutar las leyes que el Congreso decreta y nombra los empleados civiles y militares del Estado.

El Poder Judicial, se ejerce por el *Tribunal de Justicia*, Jueces de primera Instancia, Jueces menores y Alcaldes. El *Tribunal de Justicia* se compone de tres Magistrados propietarios y tres suplentes electos popularmente cada cuatro años. Los Jueces de primera Instancia son nombrados por el Ejecutivo á propuesta del Tribunal. Los Jueces menores y Alcaldes se nombran por elección popular.

La Administración política interior está á cargo de Jefes políticos nombrados por el Ejecutivo. La Administración Municipal la ejercen los Ayuntamientos, nombrados popularmente por cada Municipio.

El Estado envía al Congreso de la Unión en México, cinco Diputados y dos Senadores.

El Gobierno Federal tiene en el Estado las siguientes Oficinas:

1. Un Juzgado de Distrito en Tuxtla Gutiérrez, y otro en Tapachula, ambos adscritos al Juzgado de Circuito de Tehuantepec.

2. Una Jefatura de Hacienda en Tuxtla Gutiérrez.

3. Aduanas marítimas de Tonalá y San Benito.

4. Aduana terrestre de Zapaluta, en la frontera de Guatemala.

5. Administración del Timbre en todas las Cabeceras de los Departamentos y Agencias de la misma Renta en varias poblaciones.

6. Veintinueve Oficinas de Correos.

7. Catorce Oficinas telégraficas.

IV

POBLACIÓN Y DIVISION POLÍTICA

El censo de 1892, dió al Estado 276,789 habitantes, pero en realidad pasan éstos de 300,000. No ha sido posible hasta ahora hacer un censo exacto debido á la dificultad de empadronar á los indígenas que viven en las rancherías diseminadas en las montañas.

De los citados 276,789 habitantes pertenecen 117,723 á la raza europea pura ó cruzada llamada *ladina* y 159,065 á la indígena; de ésta .... 37,586 hablan castellano.

El Estado se divide en doce Departamentos: Comitán, Chiapa, Chilón, Las Casas, La Libertad. Mezcalapa, Palenke; Pichucalco, Simojovel, Soconusco, Tonalá y Tuxtla

Departamentos Orientales son los de Palenke, Chilón, Comitán y Soconusco, que son también fronterizos, pues colindan con Guatemala.

Departamentos Centrales son los de Simojovel, Las Casas, La Libertad y Chiapa.

Y Departamentos Occidentales, los de Pichucalco, Mezcalapa, Tuxtla y Tonalá.

DEPARTAMENTO DE MEZCALAPA.

I

Este Departamento fué creado en 1892 formándolo con partes segregadas á los de Pichucalco, Chiapa y Tuxtla.

Está limitado al Norte por el de Pichucalco, al Oriente por el de Simojovel y Chiapa, al Sur por Tuxtla y al Poniente por territorio del Estado de Tabasco.

Su suelo es muy accidentado, estando atravesado por la Sierra Madre, cuyas cordilleras se extienden en todas direcciones. Llueve mucho, y esto unido á lo quebrado del terreno, hace que las vías de comunicación del Departamento sean muy malas.

El río *Mezcalapa*, de donde toma su nombre el Departamento, baña todo su límite Occidental, y recibe en su cauce las aguas de los demás ríos que corren por él. Los principales son: el *Río Chiquito*, que entra al Mezcalapa en Chicoacén, el de *Copainalá*, el de *Magdalenas*, el *Yomonó, Santa Mónica* y el de *Tecpatán*. Además hay muchos arroyos de menos importancia.

Tiene el Departamento terrenos muy buenos para cacao, en las márgenes del Mezcalapa; para tabaco, en las vegas del Yomonó y otros ríos, y para café, en las montañas de Tecpatán. Las cosechas se llevan á San Juan Bautista de Tabasco, en canoas que hacen tres ó cuatro días de camino.

En la Hacienda "Las Palmas," hay plantaciones nuevas de cacao, que están dando muy buen resultado, y que pueden servir de referencia para los que se interesen en ese cultivo. Corresponde dicha Hacienda á los Sres. Paley, Scriven y Cª, 34 Great St. Hellen's.—Lóndres.

La cosecha de café de 1893 á 1894, ha sido de unos 2000 quintales, cantidad que irá aumentando, pues hay muchos plantíos nuevos, sobre todo, en la municipalidad de Tecpatán. También por Magdalenas hay terrenos cafeteros de superior calidad. El cafetal *Nascananó*, que hace poco tiempo está en poder del Sr. Sturgies, promete buenos resultados para dentro de poco tiempo.

En las márgenes del *Yomonó*, y otros arroyos próximos á *Quechula*, hay vegas en las que se produce un tabaco riquísimo: falta solamente aplicar un cultivo racional, para cosechar hojas tan buenas, como las famosas de Huimanguillo, en Tabasco.

Los terrenos de propiedad particular del Departamento, miden en junto 29,754 hectaras, quedando baldías extensas regiones de terrenos, buenos para cualquiera de los ramos indicados. Los terrenos de propiedad particular valen de $2 á $4 hectara.

Hay una concesión del Gobierno Federal, para el establecimiento de una línea de vapores, de San Juan Bautista de Tabasco á "Las Palmas." Miéntras tanto, se hace el tráfico en canoas de Quechula, que tienen que pasar el peligroso lugar llamado *Mal paso*, un poco antes de llegar á las *Palmas*. Con los vapores se evitará ese peligro, y se facilitará mucho el tráfico de Tabasco con el interior de Chiapas, por esa vía que era la de mayor movimiento mercantil, antes de que se abriera al comercio el puerto de Tonalá.

Este Departamento entre los 12 del Estado es el 8º en instrucción: sabe leer y escribir el 5,81 por ciento de su población total.

El 12º en la extención de propiedad territorial,

El 12º en el valor fiscal de la propiedad rural, que monta á $241,722 y

El 12º en población.

II

Este Departamento tiene 9047 habitantes. De ellos 885 son *ladinos*(*) y 8162 indígenas de la raza zoque.

Está dividido en 12 municipalidades, como sigue:

Copainalá, cabecera del Departamento; está situado á orillas del río de su nombre: es de clima cálido y tiene 2221 habitantes, que son en su mayor parte agricultores. Los ranchos de su jurisdicción, tienen 449 habitantes.

Quechula, pueblo de 523 habitantes, en la margen derecha del Mezcalapa. Sus ranchos anexos tienen 421 habitantes. Magníficos terrenos para cacao, tabaco y café.

Chicoacén, pueblo situado en una hondonada, á orillas del Mezcalapa y del río Chiquito. Es de clima sumamente cálido, y tiene 705 habitantes.

Coapilla: está situado sobre la sierra; es de clima templado. Tiene 466 habitantes.

(*) Se llama así en Chiapas á todo individuo que no es de pura raza indígena.

Tecpatán, al N. O. á Copainalá, con 800 habitantes el pueblo, y 228 los ranchos anexos. Fué antiguamente capital de la nación Zoque.

Son notables las ruínas de un convento de domínicos, cuyas dimensiones indican la importancia que los frailes dieron á ese lugar. Tiene mucha agua y terrenos muy buenos para café y cacao.

Tapalapa, 213 habitantes, clima frío al N. O. de Copainalá.

Ocotepec, 412 habitantes. Clima templado.

Pantepec 662 habitantes.

San Bartolomé Solistahuacán, pueblo de 709 habitantes, situado sobre una sierra de terrenos muy fértiles y con montañas muy frondosas. Clima templado y húmedo.

Tapilula, 573 habitantes; á dos leguas al Norte del anterior.

Ishuatán, 251 habitantes.

Tapalapa, 213 habitantes.

Magdalenas, al N. O. de Copainalá, con 414 habitantes.

HABITANTES SEGUN EL CENSO DE 1892

MUNICIPALIDADES.	CABECERAS.	RANCHERIAS.	TOTALES.
Copainalá	2221	449	2670
Chicoasén	696	9	705
S. Bartolo Solistahuacán	594	115	709
Tapilula	455	118	573
Tecpatán	800	228	1028
Quechula	523	421	944
Ishuatán	117	134	251
Coapilla	322	144	466
Magdalena	414	—	414
Tapalapa	213	—.	213
Pantepec	662	—	662
Ocotepec	412	—	412
	7429	1618	9047

DEPARTAMENTO DE PICHUCALCO.

I

Está limitado al Norte, Este y Oeste, por el Estado de Tabasco, y al Sur, por el Departamento de Mezcalapa.

Su superficie es muy accidentada por el Sur, llegando hasta allí los ramales de la Sierra Madre, que atraviesan el Departamento de Mezcalapa; hacia el Norte siguen las planicies montañosas que van á dar hasta el Atlántico. Sus principales ríos son:

El Blanquillo, que nace en las montañas de Mezcalapa, pasa cerca de Pichucalco, y es navegable desde la Hacienda de *Cosauyapa* á una legua de aquella población, hasta su desembocadura en el *Grijalva*, muy cerca de San Juan Bautista.

El Platanar, navegable también en más de 25 leguas, desemboca en el *Grijalva*, abajo de la Hacienda "La Peñita."

El Tecpaté, navegable en 20 leguas hasta cerca de Pueblo Juárez.

El Tinco, navegable también hasta cerca del mismo pueblo.

El Azufre, que se interna en la ribera de su nombre y desemboca en el *Blanquillo*, siendo navegable en 22 leguas.

El Mezcalapa ó Grijalva, que recorre el límite oriental y del Norte del Departamento, navegable desde Quechula (Departamento de Mezcalapa), hasta su desembocadura en el Atlántico, en Frontera de Tabasco. El clima del Departamento es bastante variado: templado y hasta frío en sus montañas, y cálido en las llanuras.

Tiene principalmente terrenos magníficos para cacao, café y caña.

Cacao es el principal producto del Departamento. Se cosecha anualmente unas 20,000 *cargas* de á 60 libras, ó sean 12,000 quintales que salen por San Juan Bautista, con el nombre de *Cacao de Tabasco.* Se produce en casi todo el Departamento, pero principalmente en todas las vegas de los ríos, y en los terrenos bajos, su cultivo es más seguro y remunerativo, porque el cacao necesita tierras muy húmedas y muy abonadas. Hay muchos terrenos vírgenes, buenos para este cultivo, cuyo resultado práctico, puede verse en el informe relativo escrito por un entendido cosechero de ese Departamento.

Café: Es bastante extensa la zona de terrenos buenos para café, cuyo cultivo es nuevo en el Departamento, y produce ya unos 6000 quintales de cosecha. En las fincas establecidas ya, los cafetos dan de 4 á 6 libras cada año.

Caña de azúcar, alcanza una altura de 4 metros por un diámetro de tres pulgadas, y da pingües resultados. Los ingenios establecidos son pocos, en virtud de que se encuentran más ventajosos los cultivos del cacao y del café. Los jornaleros ganan cincuenta centavos diarios.

Los ríos y arroyos navegables que cruzan el Departamento ofrecen al agricultor fáciles y baratas vías para la exportación de sus productos. Por eso Pichucalco es una de las partes más ricas del Estado.

Entre los otros Departamentos es éste:

El 1º en valor fiscal de la propiedad rural que monta á .... $3.639.816, 59 cts.

El 3º en instrucción. Sabe leer y escribir, el 9,69 por ciento de su población total.

El 5º en población y

El 6º en extensión de la propiedad territorial.

II

El Departamento tiene 21,391 habitantes, de los cuales 18,089 son ladinos y 3302 indígenas de la raza zoque. De éstos unos 800 no hablan castellano.

Está dividido en doce municipalidades. Sus poblaciones son las siguientes:

Pichucalco, villa, cabecera del Departamento, con 1763 habitantes. Está situado cerca del río *Blanquillo*, por el cual comunica con Tabasco por canoas y pequeños vapores, que llegan hasta el *Paso de Cosauyapa* á una legua de aquella población. Su clima es cálido y húmedo. Temperatura media anual 28º.C. En su comprensión se encuentran las principales fincas de cacao, las cuales tienen en junto 6492 habitantes.

Ixtacomitán: 823 habitantes. Pueblo á tres leguas de la cabecera. Con buenas fincas de cacao é ingenios de azúcar que tienen en junto 1119 habitantes.

Juárez ó *Pueblo Juárez*, con 332 habitantes, á inmediaciones de los ríos Tecpaté y Tinco, navegables y tributarios del *Blanquillo*. Este pueblo es centro de otra agrupación de haciendas de cacao, que tiene 3183 habitantes.

Tectuapán, con 280 habitantes, y haciendas que tienen 518.

Ixtapangajoya, aldea de 92 habitantes, á la cual están anexos 20 ranchos, con 822 habitantes en junto.

Solosuchiapa: 180 habitantes. Sus haciendas tienen otros 744 habitantes. E.1 este Municipio está el mineral de oro y cobre, "Santa Fé," que explota una compañía inglesa.

Ostuacán, pueblo de 416 habitantes. En su jurisdicción hay dos ranchos, con 227 habitantes.

Snnuapa: 149 habitantes, y otros 667 los ranchos anexos.

Sayula, á orillas del río *Grijalva,* con 146 habitantes en la aldea, y 781 en los ranchos.

Nicapa: 280 habitantes, y 197 en la finca.

Chapultenango: 611 habitantes, dedicados en gran parte al cultivo del café.

Santuario, con 1514 habitantes.

HABITANTES SEGÚN EL CENSO DE 1892

MUNICIPALIDADES.	CABECERAS.	RANCHERIAS.	TOTALES.
Pichucalco	1763	6492	8255
Istacomitán	823	1119	1942
Tectuapán	280	518	798
Juárez	322	3183	3505
Ixtapangajoya	92	877	969
Solosuchiapa	180	744	924
Ostuacán	416	227	643
Snnuapa	149	667	826
Sayula	146	781	927
Nicapa	280	197	477
Chapultenango	611	—	611
Santuario		1514	1514
	5062	16319	21391

DEPARTAMENTO DE SIMOJOVEL.

I

Sus límites son: al Norte, territorio del Estado de Tabasco, al Este, Departamentos de Palenke y Chilón; al Sur, los de Las Casas y Chiapa, y al Oeste los de Mezcalapa y Pichucalco.

Su territorio está cruzado por grandes y hermosas montañas, cubiertas en su mayor parte de frondosa vegetación. Sus tierras son muy fértiles y apropiadas á diversos cultivos.

Ríos. El principal es el de *Tapijulapa*, que recoge en su cauce casi todas las aguas del Departamento; lo atraviesa de S. E. á N. O. próximamente; se interna en el Estado de Tabasco, y desemboca en el río de *Teapa*, junto con el cual va á dar al *Mezcalapa*, cerca de San Juan Bautista. Es navegable por canoas hasta *Pie de la Cuesta* á 80 kilómetros de Simojovel.

Caminos. Las vías de comunicación son difíciles, sobre todo, en la parte Norte y Oeste del Departamento: ni aun caminos de herradura pueden conservarse buenos en un país donde llueve tanto, y donde la vegetación es tan lozana. Los transportes se hacen todavía por medio de indígenas (cargadores), que llevan á la espalda, pesos de 40 ó 50 kilogramos.

Clima. Es cálido en las cañadas y templado en las alturas de las montañas.

Terrenos. Los de propiedad particular, miden en junto 98,075 hectaras. Valen con buenos títulos de $3 á $5 hectara.

En lo general son muy fértiles las tierras de este Departamento. Los principales cultivos son: *Tabaco*, que se exporta para todo el Estado, para Tabasco, y que alcanza hasta el mercado de México. En el informe relativo á este ramo, se ve que las siembras de tabaco se hacen en Simojovel sin arte ni cuidado alguno, y que por lo tanto, puede asegurarse brillante resultado, si se aplican á este cultivo los conocimientos modernos.

Café. Los cafetales del Departamento, producen ahora unos 600 quintales de café de buena clase; pero hay muchas siembras nuevas que comenzarán á dar cosechas pronto. Hay grandes extensiones de terrenos buenos para este cultivo, que pueden comprarse á $4 ó $5 hectara.

En el Municipio de *Moyos*, que tiene magníficas tierras, van á establecerse próximamente buenas fincas de café.

Azúcar. Todas las cañadas calientes tienen grandes extensiones de terrenos propios para la caña de azúcar.

Cera vegetal. A inmediaciones de Jitotol y Pueblo Nuevo, nace silvestre una planta, de cuyas semillas maduras se extrae cera por medio de ebullición. Un almud de esa semilla, que vale 12 centavos, produce una libra de cera de color verde, que se vende á 25 centavos. Se usa en la fabricación de velas y jabón. Nadie la cultiva á pesar de que su explotación daría muy buenos resultados

Palma. En el Municipio de Jitotol se crían silvestres también las palmeras llamadas *de espina* y *Pixám*, cuyas hojas tiernas y secas sirven para hacer petates y escobas, industria que explotan los finqueros de aquella localidad.

Este Departamento es con relación á los demás:

El 8º en población.

El 10º en instrucción. Sabe leer y escribir el 5,68 por ciento de su población total.

El 10º en extensión de propiedad territorial, y

El 9º en valor fiscal de la propiedad rural, que asciende á $489,662.

II

Tiene el Departamento 20,020 habitantes de los cuales 5375 son ladinos y 14,645 indígenas de las razas zotzil y zendal. De éstos sólo 906 hablan castellano.

Se divide en once municipalidades.

Simojovel, villa, cabecera del Departamento, está situada sobre la falda de una montaña; es de clima cálido y no muy sano. Tiene 2998 habitantes, y hay en ella oficinas de telégrafo y correo. En sus inmediaciones hay varios yacimientos de *ambar succino* de diversos colores, que no han sido explotados. Las haciendas de este Municipio, tienen 3457 habitantes.

Amatán: 267 habitantes. A 56 kilómetros al N. O. de Simojovel. Las haciendas tienen 892 habitantes.

Moyos, á 56 kilómetros al Norte de Simojovel, cercano á las fronteras de Tabasco y Palenke. Tierras magníficas para café. Tiene 405 habitantes.

Sabanilla: á 40 kilómetros de la cabecera al mismo rumbo del anterior. Tiene 1242 habitantes, y haciendas con 632.

Asunción Huitiupán: á 8 kilómetros de Simojovel Tiene 400 habitantes la aldea, y 794 los ranchos anexos á ella.

San Juan, 16 kilómetros al Sur, en el camino que conduce de Simojovel á San Cristóbal. Tiene 973 habitantes.

San Pablo Chalchihuitán: 1437 habitantes; á 40 kilómetros al Sur de Simojovel.

Santa Catarina Pantelhó: 343 habitantes, á 56 kilómetros al S. O. de Simojovel. Las haciendas de este Municipio, tienen 1689 habitantes.

Plátanos: 1064 habitantes, á 32 kilómetros al S. E. de la cabecera.

Jitotol: 536 habitantes, á 32 kilómetros al S. E. de Simojovel. Sus ·haciendas tienen 1838 habitantes

Pueblo Nuevo Solistahuacán: 306 habitantes; á 32 kilómetros al Occidente de Simojovel. Las haciendas tienen 747 habitantes.

HABITANTES SEGÚN EL CENSO DE 1892

MUNICIPALIDADES.	CABECERAS.	RANCHERIAS.	TOTALES.
Simojovel	2998	3457	6455
Sabanilla	1242	632	1874
Pueblo Nuevo Solistahuacán	306	747	1053
Asunción Huitiupán	400	794	1194
San Juan	779	194	973
Jitotol	536	1838	2374
Amatán	267	892	1159
Santa Catarina Pantelhó	343	1689	2032
Moyos	405	—	405
Plátanos	1064	—	1064
San Pablo	1437		1437
Santa Catarina Huitiupán			
	9777	10243	20020

DEPARTAMENTO DE PALENKE.

I

Colinda al Norte con territorio del Estado de Campeche; al Este con la República de Guatemala en línea que aun no está determinada, al Sur con el Departamento de Chilón, y al Oeste con el de Simojovel y con terrenos del Estado de Tabasco.

Su superficie es plana en lo general, de terrenos sumamente fértiles, y de una vegetación admirable, está surcada en todas direcciones por hermosos ríos, que en su mayor parte son navegables para pequeñas embarcaciones. Pasa en sus fronteras del N. O. el gran río *Usumacinta* (Mono sagrado), que reune en su cauce las aguas del río de la Pasión, y otras que proceden del vecino Departamento de Chilón, con las que trae de las montañas de Guatemala y sigue su curso sin dificultades para la navegación, hasta llegar á Chinal (Campeche), donde se divide en dos ríos, navegables también: el de Palizada, que se dirige al Norte, y va á desembocar en la Laguna de Términos (Campeche), y otro que sigue al Oeste con el primitivo nombre de Usumacinta, hasta desembocar en el Grijalva, muy cerca de Frontera (Tabasco).

El río *Tulijá* procedente de las montañas de Chilón, atraviesa la parte occidental del Departamento, de Sur á Norte, desemboca en el Grijalva, y es navegable para pequeños vapores, hasta la Hacienda "La Cruzada," media legua abajo de "Salto de Agua."

El río de *Agua caliente*, es navegable también en gran extensión para pequeñas embarcaciones.

El Chacamás tiene su orígen en las montañas en que están las *Ruinas;* corre hacia al Norte en la parte oriental del Departamento, y se une al Usumacinta en el lugar llamado *Bocas del Chacamás.* Es navegable hasta muy cerca de las *Ruinas.*

La laguna de *Saquilá*, comunicada al *Chacamás* por el arroyo *Saquilá*, tiene en sus márgenes terrenos magníficos para la agricultura. Los habitantes de esos lugares cosechan bastante maíz, que llevan en canoas á Palizada en Campeche, y á San Juan Bautista, en Tabasco. El arroyo *Tintillo* une á la laguna de *Catazajá* con el *Usumacinta*.

De las montañas de las *Ruinas* parte el río *Michol* que es navegable desde dos leguas de Santo Domingo hasta su desembocadura en el *Tulijá*, una legua abajo de "Salto de Agua."

Para empresas agrícolas tiene el Palenke magníficos terrenos, con grandes facilidades para la exportación de sus productos, llevándolos por agua á Frontera de Tabasco, ó á Isla del Cármen en Campeche. En las vegas del Tulijá, del Michol, del Chacamás y de los otros ríos, pueden hacerse grandes plantaciones de cocos, cacao, algodón, hule y tabaco con éxito seguro. Estos terrenos, valen actualmente comprados á particulares, de $50 á $75 caballería ó sea de $2,40 cts. á $ 3,60 cts. hectara.

Las principales empresas del Departamento, son la crianza de ganado y el corte y exportación del *Palo de Tinte* (Palo Campeche), del cual salen grandes cantidades para Tabasco y Campeche.

Las fincas de ganado se encuentran en los Municipios de Catazajá y Palenke y cuentan entre todas más de 8000 reses y 2000 yeguas.

Al Suroeste y fronteros á Simojovel y Chilón, se encuentran los Municipios de Tumbalá y Petalcingo, Tila y San Pedro Sabana en los cuales hay grandes extensiones de terrenos buenos para el cultivo de café. Dichas poblaciones proporcionan suficientes jornaleros que devengan de 18 á 25 centavos diarios. En la jurisdicción de Tumbalá, existen ya once empresas cafeteras de las cuales una es mexicana, una guatemalteca, tres americanas y seis alemanas, representando entre todas un capital de $60,000 gastados en dos años y medio que llevan de trabajo. Tienen ahora un total de 50,000 cafetos sembrados en su lugar, 300,000 en almácigos, y 200,000 en semilleros, y comprenden las once fincas 13,000 hectaras de terreno de propiedad.

Nuevas empresas se siguen formando y pronto constituirán todas una colonia rica y productiva.

Quedan aún en la misma zona cafetera, muchos terrenos de superior calidad que pueden comprarse á particulares, al precio de $3 á $5 hectara con buenos títulos de propiedad. Las empresas de fincas arriba citadas, han formado la "Unión Agrícola Cafetera de Tumbalá," de que es secretario el Sr. Guillermo Steinpreis. Por conducto de ella es facil comprobar ó ampliar los datos anteriores.

Los cálculos sobre el costo de un cafetal que van en otro lugar de este libro están tomados de la práctica de Soconusco, y puede desde luego averiguarse cuáles serán las economías que se obtienen en Palenke con tener en cuenta la diferencia en el valor de los terrenos y en el importe de los salarios. En cuanto al producto, no está aún comprobado, pero dada la fertilidad de las tierras palencanas, no cabe duda de que aquéllas no serán inferiores ni en cantidad, ni en calidad á las del Soconusco.

Los terrenos de propiedad particular miden 90,348 hectaras.

II

Tiene el Departamento 13,825 habitantes, (censo de 1892), de los cuales 3376 son ladinos, y 10,449 indígenas de las razas chol, maya y zendal.

Hay en Palenke las nueve poblaciones que siguen:

Salto de Agua, con 712 habitantes. Cabecera del Departamento y por lo tanto residencia de las autoridades del mismo. Fué fundado en 1794 por el intendente D. Agustin de las Cuentas Zayas, á la margen del río Tulijá y á inmediaciones de una pequeña catarata, de donde toma su nombre. Los pequeños vapores que desde Tabasco remontan el río, llegan hasta la finca "La Cruzada," que está á dos kilómetros de la población.

Hidalgo, con 427 habitantes.

Tila, con 2966.

Santo Domingo del Palenke, con 373 habitantes en el pueblo, y 974 en las rancherías anexas.

La Libertad; 191 habitantes, y 389 en las rancherías

Tumbalá. La población más extensa del Departamento, tiene en sus rancherías anexas, 3,900 habitantes.

San Pedro Sabana, con 267 habitantes.

Petalcingo, con 1570 habitantes.

Catazajá, ó Playas de Catazajá con 360 habitantes en la población, y 1696 en el campo, antigua cabecera del Departamento. Está situada á orillas de la laguna de su nombre, en comunicación por canoas con Campeche y Tabasco.

III

LAS RUINAS

La Villa de Santo Domingo del Palenke, esta situada en un terreno algo accidentado y en posición muy pintoresca. La parte más elevada la ocupa la iglesia, edificio no concluído que mira al Valle, y en cuya fachada se hallan incrustados dos bajo-relieves procedentes de las ruinas. Las figuras que componen los bajo-relieves, están una al frente de la otra á cada lado de la entrada principal del templo, y representan dos personajes extraños. Uno de ellos lleva un gran tocado de hojas y flores en la cabeza, y tiene en la boca un tubo por el cual arroja fuego y humo. De los hombros le pende una piel de tigre adornada con una culebra, un pájaro y otras divisas; completan el vestido, brazaletes en los brazos y en las piernas. La otra figura tiene otro complicado adorno de cabeza, compuesto de plumas y del pájaro sagrado—el gavilán,—que lleva un pez en el pico; el resto de los adornos se compone de una cabeza de tigre, una figura grotesca y otros objetos artificiosamente tallados. Sobre ambas figuras hay varios geroglíficos.

A tres leguas al S. O. de Santo Domingo y en la falda de una serranía boscosa, se encuentran las famosas ruinas. En el tránsito del pueblo á ellas se atraviesa el valle cortado por algunos arroyos, y después de pasar un pequeño río de aguas muy puras, comienza á ascenderse á la montaña y pronto se encuentran restos de muros y algunas piedras talladas. Cerca de allí, y sobre una altura, está la principal de las ruinas, vulgarmente llamada el *Palacio del Palenke*. Es allí tan lozana la vegetación, que de pronto el viagero no se apercibe de la gran construcción, pero viendo ésta de frente se descubre un edificio de piedra con largos corredores formados por pilastras también de piedra. Las paredes estucadas y adornadas con curiosos dibujos, se conservan de una manera admirable, se sube por los restos de los que fueron escalones de piedra al extenso corredor que mide más de doscientos piés de largo, y llama desde luego la atención la forma singular del techo: las paredes están inclinadas una hacia la otra, y unidas entre sí por grandes piedras horizontales que forman el techo. Del corredor se entra á un gran cuadrángulo rodeado de galerías de piedra. Los patios están llenos de vegetación, y medio ocultos entre la maleza, se encuentran todavía ídolos de piedra toscamente tallados, pero que juntos con las graderías de piedra, los extensos corredores, los adornados estucos, las torres y los numerosos aposentos, dan una idea de la ruda grandeza de los misteriosos arquitectos.

Esparcidos por otras altas eminencias se encuentran otros edificios, grandes unos, pequeños otros, algunos de dos pisos, pocos de tres. Varios tienen señas particulares que los distinguen, como un tablero de piedra con geroglíficos, ó un bajo-relieve simbólico. En éstos la escultura varía desde los bosquejos más toscos, hasta el dibujo más acabado y simétrico. La solidez y atrevimiento de las construcciones, que se levantan sobre altas bases piramidales extrañan y causan sorpresa más bien que admiración, mientras que los pequeños aposentos y la complicada disposición del interior de los edificios exita desde luego la curiosidad.

Como rara peculiaridad llaman desde luego la atención gran cantidad

Geografía 4

de piedras incrustadas sólidamente en el muro como á modo de perchas, cuyo objeto no ha podido penetrarse, pues se encuentran á diferentes alturas y en distintas posiciones. Algunas están en los umbrales de las puertas, como dispuestas para servir de soporte á las hojas de las mismas; otras que están á la mitad del muro podrían servir para colgar hamacas, pero las demás se encuentran á tanta altura que no se sabe para qué pudieran servir. Otra particularidad se nota donde los peldaños están aún enteros: son tan altos, que sólo gigantes podrían subirlos con comodidad, mientras que muchos de los aposentos interiores son tan pequeños que parecen haber sido construídos para enanos.

Por todas partes la exhuberante vegetación ha destruído la obra de piedra, haciendo áspera y trabajosa la subida á los edificios; las breñas y las plantas trepadoras se han extendido por todo donde han podido enlazar sus guías y sus raíces. La vista de los arruinados edificios encaramados en sus alturas y como enterrados en aquel bosque solitario, deja en el ánimo del espectador una impresión extraña y solemne.

(Across Central America. — By J. W. Boddam Whetham).

HABITANTES SEGÚN EL CENSO DE 1892

MUNICIPALIDADES.	CABECERAS.	RANCHERIAS.	TOTALES.
Salto de Agua y sus rancherías	—	—	712
Hidalgo	427	—	427
Tila	2966	—	2966
Palenke (Santo Domingo)...	373	947	1347
La Libertad	191	389	580
Tumbalá y sus rancherías...	—	—	3900
San Pedro Sabana	267		267
Catazajá	360	1696	2956
Petalcingo	1570		1570
			13825

Departamento de Chilón.

I

Chilón (Chiilum--*Tierra Dulce*), es uno de los cuatro Departamentos fronterizos, colindando al Este con territorio de la República de Guatemala, de la cual lo separa el río Usumacinta. Las otras colindancias son: al Norte el Departamento de Palenke, al Oeste los de Simojovel y las Casas, y al Sur el de Comitán.

Su suelo, en general, bastante accidentado, pero de terrenos muy fértiles cubiertos de frondosa vegetación, está cruzado por muchas corrientes de agua. Los principales ríos son:

El Shumulá que pasa á diez leguas de Bachajón, *El Tulijá* que nace junto á la colina *Cajcantel*, y que unido con el *Shumulá* y el *San Pedro* forman la cascada *Salto de agua* en el Departamento del Palenke.

El Jataté ó Río de la Pasión que pasa á dos leguas de Ocosingo, recibe más abajo las aguas del *Santo Domingo* y va á desembocar al *Usumacinta.*

El Cendales que es otro tributario del mismo.

El Usumacinta que viene de Guatemala, reune en su cauce todas las aguas de la parte oriental del Departamento, y sigue su curso rumbo al Noroeste.

Además una gran cantidad de arroyos de menos importancia que riegan en todas direcciones las tierras del Departamento, haciéndolas rivales de las famosas del Palenke y Soconusco.

Los Municipios que están al Occidente y al Sur, que son las partes más conocidas del Departamento, tienen magníficos terrenos para el cultivo de la caña de azúcar, el del café y la crianza del ganado vacuno y caballar.

El cultivo de la caña, es allí sumamente facil. Las siembras las hacen á *macana* es decir haciendo hoyos con una estaca, en los cuales se entierran trozos de caña. Sin más cuidado que unas limpias y sin más humedad que la natural del terreno, la caña se desarrolla pronto y bien y al año de sembrada produce una azúcar de tan buena clase, que á pesar de estar fabricada por el sistema más primitivo, resiste ventajosamente la comparación con los azúcares refinados de buena clase. Este cultivo está bastante desarrollado en el Departamento, y sus productos se consumen en San Cristóbal y principalmente en Comitán, en donde emplean grandes cantidades de dulce en las fábricas de aguardiente (*comiteco*).

El cultivo de café tiene mucho porvenir en Chilón. Las buenas tierras cafeteras valen á $100 caballería, y sí bien es cierto que se encuentran á largas distancias de los puertos de mar, tienen cerca los embarcaderos en los ríos que llevarán las cosechas á Tabasco ó á Campeche. Los jornaleros ganan de 18 á 25 centavos diarios y los hay en buen número en los pueblos de los indígenas. Los pequeños cafetales que existen, ya han dado muy buen resultado, y puede señalarse como muestra de la feracidad de esas tierras, el hecho de que de 200 árboles plantados en una finca de D. Lisandro Castellanos, se cosecharon en 1893, 2000 libras de café; es decir, diez libras por árbol. Esto no es lo común, pero tampoco es raro. En aquella fecha habían en el Departamento 50,000 cafetos en producción y unos . . . . 75,000 recien plantados.

La crianza de ganado vacuno y caballar es empresa que puede tener gran desarrollo en Chilón, que tiene grandes extensiones de territorios buenos para el ganado. Hay actualmente unas 25,00 reses, y 4000 yeguas.

Abundan las maderas finas y de construcción, de las cuales sacan anualmente grandes cantidades las monterías establecidas en los ríos del Departamento.

La propiedad territorial comprendía en 1892 un total de 106,900 hectaras, que ha aumentado considerablemente en los dos últimos años.

Entre los 12 Departamentos del Estado, éste es:

El 3º en población.

El 9º en instrucción. Sabe leer y escribir el 5,28 por ciento de su población total.

El 8º en extensión de propiedad territorial, y

El 7º en el valor fiscal de la propiedad rural, que asciende á . . . . $775,860. 78 cts.

II

Según el censo de 1892 este Departamento tiene 27,790 habitantes de los cuales 8237 son ladinos, y 19,514 indígenas de la raza zendal casi todos; de éstos únicamente 337 hablan castellano.

El Departamento está dividido en trece Municipalidades, como sigue:

Ocosingo, villa de clima cálido, cabecera del Departamento, tiene...
1247 habitantes. Los ranchos de su jurisdicción tienen 3938 habitantes.

A inmediaciones de Ocosingo se encuentran las ruinas de una población, que parecen contemporáneas de las del Palenke. Han sido hasta ahora poco exploradas.

Chilón, antigua cabecera del Departamento, tiene 1447 habitantes, y otros 1945 en los ranchos de su jurisdiccción. Casi todos se dedican al cultivo de la caña de azúcar.

Yajalón (Yaxalum). Población de indígenas situada al Norte de la anterior. Tiene 2515 habitantes, cuya principal industria es la de hacer petates.

Citalá, con 1303 habitantes. Tiene clima templado.

Bachajón. Es el pueblo más grande del Departamento, y es de clima cálido. Tiene 3143 habitantes que se dedican, en lo general, á la fabricación de azúcar y panela.

Guaquitepeque; pueblo situado en el camino que va de San Cristóbal al Palenke, de clima templado. Tiene 509 habitantes.

Nuevo Citalá: aldea de indígenas con 219 habitantes.

Sibacá: Pueblecito al poniente de Ocosingo, con 523 habitantes.

Cancúc, está situado cerca de los límites del Departamento de Las Casas. Es de clima frío, y tiene 2189 habitantes, cuya principal ocupación es la cría de cerdos que llevan á San Cristóbal.

Tenango, pueblo situado al oriente del anterior. Tiene 410 habitantes y 394 más en sus rancherías. Su principal industria es hacer cántaros y ollas de barro. Clima templado.

San Martin, está situado al Sur de Ocosingo y es de clima templado. Tiene el pueblo 405 habitantes y sus rancherías anexas otros 620.

Oxchuc, con 3577 habitantes, está al S. E. de la cabecera. Su clima es frío.

San Cárlos, en los límites con Comitán. Tiene el pueblo 272 habitantes, y los ranchos de su jurisdicción 4486.

HABITANTES SEGÚN EL CENSO DE 1892

MUNICIPALIDADES.	CABECERAS.	RANCHERIAS.	TOTALES.
Ocosingo	1247	3920	5185
Chilón	1447	498	1954
Yajalón	2515	—	2515
Citalá	1303	—	1303
Bachajón	3143	—	3143
Guaquitepeque	367	509	876
Nuevo Citalá	219	—	219
Cibacá	372	151	523
Caucúc	2189	—	2189
Tenango	410	394	804
San Martín	405	620	1025
Oxchuc	3577	—	3577
San Cárlos	272	4214	4486
	17466	10324	27790

Departamento de Comitán.

I

El Departamento de Comitán, que es el más extenso de los del Estado, está comprendido entre el de Chilón al Norte, el de La Libertad al Oeste, el de Soconusco al Sur, y territorio de la República de Guatemala al Oeste.

Su suelo, algo montuoso hacia el Norte es plano, en su mayor parte; principalmente por el Sur tiene grandes llanuras que desde las fronteras de Guatemala, van á unirse á las de Custepeques en el vecino Departamento de La Libertad.

Rios. Sus principales ríos son los siguientes:

Al N. E. corre el *Chejel* ó *Lagartero* que nace en el Municipio de Zapaluta en el lugar llamado *Ojo de Agua del Lagartero.* A él se unen los de *Santa María, San Lúcas, Mazapa, Amatenango, Chicomuselo, San Miguel Ibarra,* y *La Nueva,* procediendo éste de las montañas de *Motozintla,* y los dos anteriores de la serranía de *Cuilco Viejo.*

Por el S. O. viene el río *Tzimol* y uniéndose á todos los anteriores, forma un solo río que corre ya con el nombre de *río de Chiapa*, recibe al pasar por el Municipio de *Socoltenango* las aguas del *Rio Blanco* y se interna en el Departamento de La Libertad.

Al Noroeste corren el *San José,* el *San Pedro Soledad* y el *Santo Domingo* que son afluentes del Río de la Pasión.

Al Norte, á un kilómetro de la ciudad de Comitán, pasa el arroyo llamado *Río Grande,* que tiene su origen en la pintoresca laguna de *Juznajab.*

Al Oriente de Comitán está el hermoso lago de Tepancuapan que se interna rumbo al Petén, (Guatemala) por terrenos desconocidos. Se calcula que tiene nueve leguas de extensión y que da nacimiento á un río que va á desembocar al Usumacinta en los terrenos ocupados por los indios la candones.

Terrenos. Los de propiedad particular miden en junto 506,702 hectáras y están dedicados en su mayor parte á la crianza de ganado vacuno y caballar que constituye la principal riqueza del Departamento el cual sostiene un activo comercio de animales con la vecina República de Guatemala.

Los terrenos de propiedad particular valen de $2.50 á $3.50 hectara. Los novillos $30 uno por término medio; las vacas $25, los becerros $12, las yeguas de cría $25; los caballos $50 y los potros $20.

Tiene el Departamento terrenos muy fértiles, y son dignos de mención los de la finca *Joncaná*, en donde se cosecha cierta clase de maíz, cuyas mazorcas llegan á medir hasta 60 centímetros de largo.

La principal industria de Comitán es la destilación de aguardiente de maguey que con el nombre especial de *comiteco,* se consume en todo el Estado y se exporta para Guatemala en grandes cantidades. Según los datos oficiales, en 1892 se elaboraron en Comitán 321,824 litros de aguardiente; pero como la destilación de alcoholes está sujeta á un impuesto del Estado, es de creer que sea mayor la cantidad de *comiteco* fabricado.

En los pueblos de Motozintla, Mazapa, Amatenango, San Isidro Siltepec, San Antonio la Grandeza y Cantón de Comalapa, que tienen terrenos sumamente áridos, el principal negocio es la extracción de la goma *copal,* que mezclada con la cáscara del arbol machacada la envasan en pequeñas jícaras que venden á dos centavos, de las cuales exportan regulares cantidades para la vecina República. En Quezaltenango vale cada jicarita seis centavos y paga de derechos el 12 por ciento de su valor.

Este Departamento es con relación á los demás del Estado:

El 2º en población.

El 11º en instrucción. Sabe leer y escribir el 4.46 por ciento de su poción total.

El 1º en extensión de propiedad territorial.

El 3º en el valor fiscal de la propiedad rústica, que asciende á...... $3.019,715.

II

El Departamento de Comitán tiene 45,373 habitantes: 12,716 ladinos y 32,657 indígenas de las razas zotzil, zendal y Chañabal.

El Departamento está dividido en quince Municipalidades. La Cabecera es:

Comitán. Ciudad de 6,430 habitantes edificada sobre la falda de una colina pedregosa, con buen caserío y elementos para mejorar mucho. Su clima es templado, y muy sano. Las haciendas de su jurisdicción tienen 8,160 habitantes. Temperatura media 20° C.

Los demás pueblos son:

Pinola. á nueve leguas de Comitán. Tiene 2,521 habitantes. Las haciendas tienen 630.

Socoltenango, á ocho leguas de Comitán con 1,300 habitantes, y sus haciendas otros 603.

San Isidro Siltepec, á veintiocho de la cabecera, con 459 habitantes, teniendo sus haciendas 1,771.

Zapaluta, con 1,624 habitantes. Está á cuatro leguas al Oriente de la cabecera. Es residencia de una Aduana fronteriza. Sus haciendas tienen 6,731 habitantes.

Chicomuselo, con 405 habitantes al Sur de Comitán. Sus haciendas tienen 891 habitantes.

Margaritas, á cinco leguas al Oriente. Tiene 1,445 habitantes, y sus haciendas 4,571.

San Pedro Remate. á veinticinco léguas de Comitán con 678 habitantes.

San Antonio la Grandeza, 601 habitantes.

Independencia, á tres leguas de Comitán. Tiene 481 habitantes y sus haciendas 1,291.

Porvenir, con 316 habitantes.

Cantón de Comalapa, á veintidos leguas de Comitán. Tiene 1,301 habitantes.

Amatenango, con 180 habitantes, á treinta y cinco leguas al S. E. Tienen sus haciendas 1,727 habitantes.

Mazapa, á 39 leguas al S. E. 39. Tiene 366 habitantes, y sus haciendas 539.

San Francisco Motozintla, cabecera de una Jefatura política. Está á cuarenta y una leguas al S. E. de Comitán y tiene 1,977 habitantes.

Estos tres pueblos, los de San Pedro Remate, San Isidro Siltepec y San Antonio la Grandeza, y la ranchería que forma el Cantón de Comalapa, pertenecían á Guatemala y fueron agregados al Estado, en virtud del tratado de límites hecho en 1882 entre México y aquella República.

HABITANTES SEGÚN EL CENSO DE 1892   •

MUNICIPALIDADES.	CABECERAS.	RANCHERIAS.	TOTALES.
Comitán...........	6430	8160	14590
Pinila	2521	630	3151
S. Isidro Jiltepec...	459	1771	2230
Zapaluta........	1624	5107	6731
Chicomuselo.......	405	891	1296
Mazapa	366	539	904
Independencia......	481	1291	1772
Socoltenango......	1300	603	1903
Amatenango.......	180	1727	1907
Margaritas	1445	4571	6016
S. Antº. la Grandeza.	601	—	601
S. Pedro Remate....	678	—	678
S. Francº. Motozintla	1977	—	1977
Porvenir..........	311	—	316
Cantón Canalapa...	1301	—	1301
Totales....	20083	25290	45373

DEPARTAMENTO DE LAS CASAS.

I

Este Departamento llamado antes *del Centro*, está entre el de Simo-jovel al Norte, el de Chiapa al Oeste, el de Libertad al Sur, y los de Co-mitán y Chilón al Este.

Su territorio se extiende en las más altas mesetas de la Sierra Madre y su clima por lo tanto es frío en lo general. Unicamente el Municipio de San Lúcas, está en la tierra caliente.

Tiene el Departamento bastantes corrientes de agua, pero ninguna de importancia, siendo la principal el río que nace á unos cuatro kilóme-tros al Oriente de San Cristóbal, pasa á orillas de esta ciudad y desapare-ce en los sumideros que limitan al Sur el Valle de San Cristóbal. Vuelve á aparecer en San Lúcas y sigue ya con el nombre de Río Frío hasta des-embocar en el Mezcalapa cerca de Chiapilla (Dep. de Chiapa).

Los principales productos de este Departamento son la harina de que surte á la mayor parte del Estado y las frutas propias de su clima.

Los terrenos de propiedad particular valen de $50 á $100 caballería.

En años de cosechas normales vale el maíz á $5 fanega de 300 libras, el frijol á $6 y la harina de $10 á $12 carga de 300.

Abundan los jornaleros, que ganan de 18 á 25 centavos diarios.

La crianza de ganado vacuno está poco extendida debido á la tempe-ratura; en cambio podría extenderse considerable y ventajosamente la cría de borregos, á la cual sólo se dedican ahora en pequeña escala los indíge-nas; de ellos sacan la lana de que hacen sus trajes.

Comparado con otros Departamentos del Estado, éste es:

El 1º en población.

El 12º en instrucción. Sabe leer y escribir de 3.13 por ciento de su población.

El 9º en extensión de propiedad territorial.

El 11º en valor fiscal de la propiedad rural que asciende á $341,215.

II

Este Departamento tiene 50,915 habitantes, según el censo de 1892; pero si en casi todo el Estado no es muy exacto el resultado del empadronamiento, lo es mucho menos en los Departamentos en que la mayor parte de la población es de indígenas, que muestran siempre gran repugnancia á inscribirse en los padrones por temor á las contribuciones.

Los indios viven por lo general diseminados en sus milperías, y los empleados del gobierno encargados de practicar el censo, tienen que conformarse con los datos que ellos les dan, y desde luego se comprende que no visitan todas las chozas, muchas de las cuales están verdaderamente escondidas en los repliegues de las montañas. El número de indios que se levantaron en armas en la sublevación de 1869, demuestra que en los Departamentos de Las Casas, Simojovel y Chilón, hay mucho más que los 73,519 que da para los tres el citado censo de 1892.

Este Departamento se divide en 16 Municipalidades como sigue:

San Cristóbal Las Casas, ciudad fundada en 1528 por Diego de Mazariegos en el hermoso Valle llamado antiguamente "Hueyzacatlán" (*tierra fría*), se encuentra á los 16º 34' latitud Norte y 6º 29' longitud Este de México y á 2,104 metros de altura sobre el nivel del mar. Fué capital del Estado hasta 1892, y es residencia del Obispo de Chiapas. Lleva el sobrenombre de *Las Casas*, en memoria del segundo Obispo Fray Bartolomé de las Casas, célebre por su enérgica defensa de los indios (1543-1546).

Es ahora cabecera del Departamento y tiene 10,570 habitantes. El Ayuntamiento sostiene varias escuelas de primera y segunda enseñanza, y el clero tiene un Seminario Conciliar en el antiguo convento de San Francisco y varias escuelas más. El Hospital civil está establecido en el edificio que fué convento de monjas de la Encarnación.

Hay al rededor de la ciudad varios molinos, en los cuales se muele todo el trigo que se cosecha en el Departamento.

Temperatura media anual 16º C.

Teopisca, Villa á seis leguas al Sudeste de San Cristóbal. Tiene . . . 2,352 habitantes, la mayor parte ladinos; los pocos indios que hay hablan la lengua zendal.

Zinacantán, á dos leguas al Oeste de San Cristóbal y situado en un pequeño y pintoresco valle más alto que el de aquella ciudad. Fué capital de la antigua nación de los Quelenes y allí eran electos los reyes ó caciques del Quiché (Guatemala). Su temperatura es fría; tiene 2,654 habitantes de la raza zotzil.

Santa Marta, llamado antes *Yolotepec* está á nueve leguas al Nordeste de San Cristóbal, cerca de la línea de Simojovel. Tiene 400 habitantes, indígenas.de la raza zotzil. Clima templado.

Santiago, también á nueve leguas de la Cabecera, algo más al Sur que Santa Marta. Tiene 456 habitantes de la misma raza. Clima templado.

Santa María Magdalena, con 1,134 habitantes; raza zotzil, á ocho leguas al N. O. de San Cristóbal. Clima frío.

San Pedro Chenalhó, á seis leguas al Norte de San Cristóbal, de clima muy frío. Tiene 3,450 habitantes de la misma raza zotzil, que se ocupan principalmente en la agricultura y la crianza de cerdos.

San Andrés, llamado antiguamente *Istocolot,* á seis leguas al Nordeste de San Cristóbal. Tiene 3,740 habitantes. De clima frío. De este pueblo era el indígena Antonio Pérez, que nombrado Gobernador de los indios, prestó tan eficaz ayuda al Gobierno del Estado en la sofocación del alzamiento de aquéllos en 1869.

San Miguel Mitontic, á cinco leguas al Norte de San Cristóbal. Clima frío, con 772 habitantes de la raza zotzil.

Tenejapa, al Norte de la Cabecera. Clima frío. Tiene 6,594 habitantes de la raza zendal, que hacen con San Cristóbal un activo comercio de granos y frutas.

Huistán, al Oriente de San Cristóbal . Tiene 3,111 habitantes de la raza zotzil.

Chanal, Pueblo de indios zendales al Oriente de la Cabecera. Tiene 724 habitantes.

San Felipe Ecatepec, aldea situada á media legua de San Cristóbal; entre el cerro llamado Ecatepec (*cerro del aire*) y el Hueytepec. Tiene 857 habitantes que hablan el zotzil.

Chamula. A tres leguas al O. de San Cristóbal se encuentra el cabildo, la iglesia y unas cuantas casas que forman el centro de una extensa ranchería conocida toda con el nombre de San Juan Chamula. Tiene en junto 12,356 habitantes, que surten diariamente la plaza de San Cristóbal de frutas, verduras, madera, etc., etc.

Amatenango. Pueblo de indios zendales al Sudeste de San Cristóbal. Tiene 1,166 habitantes.

San Lúcas. Al pie de la sierra que sirve de base á la meseta en que se encuentra San Cristóbal, está el pueblo de San Lúcas, que tiene clima cálido y cuenta con 619 habitantes, cuya principal ocupación es la cosecha de frutas de la tierra caliente que llevan al mercado de San Cristóbal. Muy cerca de este pueblo pasa el Río frío, que es según parece el mísmo que pasa por aquella ciudad,

HABITANTES SEGÚN EL CENSO DE 1892

MUNICIPALIDADES.	HABITANTES.
San Cristóbal	10570
Teopisca	2352
Zinacantán	2653
Santa Marta	400
Santiago	456
Santa María Magdalena	1134
San Pedro Chenalhó	3430
San Andrés	3740
San Miguel Mitontic	762
Tenejapa	6594
Huistán	3111
Chañal	734
San Felipe	837
Chamula	12356
Amatenango	1166
San Lúcas	619
Total	50915

DEPARTAMENTO DE CHIAPA.

I

Colinda al Norte con el de Simojoval, al Oeste con los de Tuxtla y Mezcalapa. al Sur con el de Tonalá, del cual está separado por la Sierra Madre, y al Este con los de Las Casas y La Libertad.

El contrafuerte *Hueitepec* de la Sierra Madre, atraviesa la parte Norte del Departamento. Al Sur se extiende el hermoso y fértil valle de "La Frailesca", antigua propiedad de los frailes domínicos de Chiapa y ahora dividido en haciendas dedicadas en su mayor parte á la crianza de ganado y al cultivo del maíz, que se produce de una manera admirable en aquellas fértiles tierras.

Rios. Atraviesa el Departamento de S. E. á N. O. el río llamado allí de *Chiapa*, y que más abajo toma el nombre de *Mezcalapa*, navegable en todo el trayecto que recorre en el Departamento. Tributarios de éste son: por la vertiente derecha, *Rio Frio, Nandagusi, Nandabilamé, Nandamujú, Rio-Trapiche, Nandayapa, Nandaburé*, todos de trayecto muy corto; el *Rio-Hondo* que pasa al Norte de Ixtapa y va á desembocar al río grande en Osumacinta y otros de menos importancia.

Por la vertiente izquierda desemboca al gran río al Sur de la ciudad de Chiapa el río *Santo Domingo*. El río *Pando* que nace en *Cerro Tomate* al Sur de Villa Corzo, se une al río *Trejo* que viene de la Sierra de *Tres-picos* y pasa por *Villaflores*. Unidos ambos ríos forman el citado de *Santo Domingo*.

El de *Suchiapa* ó *Boquerón*, nace también en la Sierra de *Tres-picos*, atraviesa la Frailesca por su parte occidental y desemboca en el de Santo Domingo en el lugar llamado "Las Limas".

El clima del Departamento es en general cálido; sólo es templado en Ixtapa y San Gabriel.

Terrenos. Los de propiedad particular miden 226,103 hectaras. Valen de $2 á $5 hectara. Los que están á orillas del río grande y cerca de Chiapa, llamados *regas* valen hasta $25 la hectara.

Las principales explotaciones son las siguientes:

Crianza de ganado vacuno. Es de muy buenos resultados; tiene el Departamento unas 30,000 reses, pero en sus campos hay cabida para un número mucho mayor. Los de la Frailesca, que son de primera calidad para este negocio, están muy poco aprovechados todavía y sólo ellos pueden mantener más de 50,000 animales. El ganado tiene en lo general los mismos precios que en el vecino Departamento de Tuxtla.

Añil, en toda parte cálida; es decir, en casi todo el Departamento se ha cultivado el *jiquilite* con muy buen éxito.

Azúcar En las vegas del río grande y en la Frailesca, hay terrenos buenos para este cultivo.

Tabaco. Se cosecha en la Frailesca; no es de buena clase, debido sin duda á que no se beneficia como es debido.

Algodón. De muy buena clase es el que se cosecha en las vegas de *Acala* y su cultivo puede extenderse bastante.

Maíz. Se da admirablemente en toda la tierra caliente, y principalmente en la Frailesca en donde produce hasta 400 por uno.

Este Departamento es con relación á los demás:

El 7º en población.

El 4º en instrucción. Sabe leer y escribir el 9.51 por ciento de su población total.

El 4º en extensión de propiedad territorial.

El 6º en valor fiscal de la propiedad rústica, que asciende á. . . . .
$1.202,184.70.

II

Tiene todo el Departamento 20,101 habitantes de los cuales son. . . . 12,685 ladinos y 7,416 indios.

Está dividido en nueve Municipalidades, cuyas cabeceras son:

Chiapa de Corzo, ciudad de 5,144 habitantes, cabecera del Departamento, situada en la margen derecha del río de Chiapa ó Mezcalapa á doce kilómetros al Oriente de Tuxtla Gutiérrez. Es la primera población que fundaron los Españoles en Chiapas en 1527, no lejos de la antigua *Socton,* cuyos guerreros se arrojaron al río, por no entregarse al vencedor. En la época colonial se le conocía con el nombre de *Chiapa de los Indios* para distinguirla de *Chiapa de los Españoles,* ahora San Cristóbal Las Casas. Posteriormente se le dió el nombre de *Corzo* en honor de Don Angel Albino Corzo, Gobernador del Estado de 1856 á 1861.

Su clima es cálido; la temperatura media anual es de 26º C.

Las rancherías anexas á esta ciudad tienen 2,019 habitantes.

Ixtapa. Pueblo de indios de la raza zotzil, cuya principal ocupación es hacer sal de las aguas del río *Salinas* que pasa en una profunda barranca á cuyo bordo está situado el pueblo, al extremo de una extensa llanura. Su temperatura media anual es de 22^c.4 C. y su altura sobre el nivel del mar 1,104 metros. Tiene 805 habitantes y las haciendas de su jurisdicción otros 2,234.

Osumacinta; 415 habitantes, aldea de indios zoques, situada cerca del río Mezcalapa. La cordelería es la principal industria de sus habitantes. Clima cálido.

San Gabriel, 346 habitantes, la mayor parte de la raza zotzil. Clima como el de Ixtapa, Los ranchos de este Municipio tienen 446 habitantes.

Soyaló, 737 habitantes, casi todos de la raza zotzil. En sus campos, que son muy áridos crece una especie de palmera, de la que fabrican petates, que constituye la principal industria de este pueblo. Clima cálido.

Acala, antigua Villa de 1648 habitantes, situada en la margen derecha del río de Chiapa, á ocho leguas al Oriente de esta ciudad con la cual tiene fácil comunicación por el río. Los acaltecas son casi todos agricultores y obtienen en sus vegas muy buenas cosechas de maíz y algodón. Sus ranchos tienen 969 habitantes:

Villa-Flores, 887 habitantes. Cabecera de una Jefatura política, cuya jurisdicción comprende el Valle de la Frailesca. Es población nueva y que tiene elementos para mejorar y adelantar mucho. Las haciendas de este Municipio tienen 1,759 habitantes.

Villa-Corzo, conocida antes con el nombre de *Trinidad de la Ley.* Está situada á poca distancia de la anterior y tiene 427, habitantes contándose otros 1,802 en las haciendas de su jurisdicción.

Chiapilla, pueblo situado en una estribación de la Sierra Madre en el camino que conduce de Acala á San Cristóbal. Las calenturas destruyeron el antiguo pueblo que existía á orillas de Río-Frío y los pocos habitantes que quedaron, fundaron el pueblo actual, llamado por ese motivo, *Pueblo Nuevo Chiapilla.* Tiene 856 habitantes y sus haciendas otros 412. Cosechan muy buen algodón en las vegas del río de Chiapa.

HABITANTES SEGÚN EL CENSO DE 1892.

MUNICIPALIDADES.	CABECERAS.	RANCHERIAS.	TOTALES.
Chiapa de Corzo....	5144	2019	7163
Ixtapa............	805	1429	2234
Villacorzo	427	1759	2186
Chiapilla.........	856	412	1268
Villaflores........	887	1802	2689
S. Gabriel........	346	446	792
Acala............	1648	969	2617
Osumacinta.......	415	—	415
Soyaló	737	·—	737
Totales....	11265	8836	20101

DEPARTAMENTO DE LA LIBERTAD.

I

Está limitado al Norte por los de Chiapa y Las Casas, al Oriente por el de Comitán, al Sur por el de Tonalá y al Oeste por el de Chiapa.

Algo montuoso por el Norte, pues alcanzan hasta allí los ramales de las sierras que atraviesan todo el vecino Departamento de Las Casas, tiene hacia el Sur grandes llanuras que se extienden por una parte hasta el pie de la Sierra Madre, y por otra parte continúan hacia el Oriente por todo el Departamento de Comitán hasta encontrar las fronteras de Guatemala Esa parte se llama Valle de Custepeques.

Ríos: Entra el río de *Ciapa*, que viene de Comitán por terrenos de la hacienda "La Pimienta" y atraviesa el Departamento de S. E. á N. O. próximamente recorriendo en él un trayecto de 86 kilómetros hasta salir por terrenos de la hacienda *Las Limas*. Arriba de esta hacienda había un paso peligroso llamado *La Angostura*, pero destruidos recientemente los peñascos que interceptaban la corriente del río, ha quedado libre y sin obstáculos la navegación para canoas.

Los principales afluentes al río grande en este Departamento son: el río de *Jaltenango*, que viene de la Sierra Madre; el de *San Pedro Salinas* que pasa por la Concordia, el *San Pedro Buena Vista* que procede del Departamento de Chiapa; el río de *San Diego* y el *Río Martin*.

Las principales producciones del Departamento son:

Algodón, de clase muy buena que se cosecha en las vegas del río de Chiapa. Hay grandes extensiones de terreno bueno para el cultivo de esta planta.

Añil: mucho terreno también para este cultivo.

Arroz. Las haciendas de Custepeques cosechan este grano en gran cantidad.

Maíz, frijol. Se produce muy bien en todo el Departamento.

Sal. Es la principal industria de los habitantes de la Municipalidad de la Concordia.

La extraen por evaporación del agua de varios arroyos.

Ganado vacuno. Las haciendas de este Departamento tienen unas 25,000 reses, pero sus campos son muy extensos y tienen cabida para un número mucho mayor.

Este Departamento es:

El 9º en población.

El 6º en instrucción. Sabe leer y escribir el 7.84 por ciento de su población total.

El 3º en extensión de propiedad territorial (238,094 hectaras.)

El 5º en valor fiscal de propiedad rural que asciende á $1.262,188.66.

II

El Departamento tiene 14,029 habitantes, de los cuales 7,109 son *ladinos* y 6,920 indígenas de las razas zotzil y zendal.

Contiene el Departamento seis municipalidades; como sigue:

San Bartolomé de los Llanos, 3737 habitantes, cabecera del Departamento, está situado sobre un cerro y es de clima cálido. No lejos de allí están las ruínas de la antigua *Copanabastla*, destruida sin duda por las calenturas producidas por los pantanos que la rodeaban.

Aguacatenango, 669 habitantes. Está á 32 kilómetros al Norte de San Bartolomé y es de clima templado.

Soyatitán á 16 kilómetros a N. O. de la cabecera. Aldea de clima cálido, con 192 habitantes y ranchos con otros 230.

Totolapa á 40 kilómetros al Norte de San Bartolomé. Tiene 405 habitantes y sus haciendas 786.

San Diego La Reforma, aldea de 263 habitantes, sus haciendas tienen otros 244.

La Concordia á 40 kilómetros al Sur de *San Bartolomé* en el extenso valle de Custepeques, situado á orillas del río de San Pedro Salinas. Tiene 832 habitantes y su principal industria es la elaboración de sal que venden en San Cristóbal y Comitán. En su jurisdicción hay 54 haciendas que tienen 4,507 habitantes.

HABITANTES SEGÚN EL CENSO DE 1892

MUNICIPALIDADES.	CABECERAS.	RANCHERIAS.	TOTALES.
San Bartolomé.....	3737	2164	5901
S. Diego La Reforma	263	244	507
La Concordia.......	832	4507	5339
Soyatitan	192	230	422
Totolapa..........	405	786	1191
Aguacatenango.....	649	20	669
	6078	7951	14029

DEPARTAMENTO DE TUXTLA.

I

Este Departamento está limitado al Norte por el de Mezcalapa, al Oriente por el de Chiapa, al Sur por Tonalá y Chiapa y al Poniente por el Distrito de Juchitán del Estado de Oaxaca y por desiertos que van á dar al de Veracruz.

Ocupan la mayor parte del territorio del Departamento dos mesetas que se extienden de Este á Oeste con una declinación casi igual de Sur á Norte. Comienza la primera al transponerse las sierras vecinas á Tonalá y Tapana con alturas de 864 metros sobre el nivel del mar en la cumbre de Buena Vista, y 1,020 en la de San Fernando (El Vigía) y se extienden en ella los Valles de Jiquipilas y Zintalapa, hasta llegar al contrafuerte de Petapa, á cuyo pie está el rancho de Chocohuite con una altura de 604 metros sobre el mar. A 838 metros se encuentra la cumbre de Petapa y allí comienzan las planicies de Ocosucoutla que descienden hasta encontrar el río Mezcalapa. Al Norte de Tuxtla pasa otro ramal de la Sierra Madre, cortado en imponente tajo por el citado río y continúa hacia el N. O. formando las pintorescas alturas de San Fernando y Soteapa, y Don Rodrigo y Ocuilapa, hasta encontrar nuevamente el gran río en Quechula (Departamento de Mezcalapa).

Ríos. Pasa orillando el Departamento el río de Mezcalapa. Tributarios de éste son los demás, como el de *La Venta* que reune en su cauce todas las aguas de Jiquipilas y Cintalapa y desemboca en el lugar llamado *Malpaso*; el *del Cedro* que trae sus aguas de las serranías de Soteapa y pasa al N. O. de San Fernando; el *Sabinal* que lleva las aguas de Don Rodrigo y del pequeño Valle de Tuxtla; pasa á las orillas de esta ciudad y se precipita en el Mezcalapa, poco antes que éste se pierda en las cortaduras del *Sumidero*. Al Norte de Cintalapa, por entre las serranías que van hacia Veracruz y Tabasco, corre el río de *Pueblo Viejo*; su curso no está todavía bien determinado.

Todos estos son ríos de poca importancia y algunos de ellos solo tienen agua durante la época de las lluvias.

Clima. La mayor parte del Departamento es cálido (20º á 30º C.) Solamente es frío en las alturas de Soteapa y templado en San Fernando y Ocuilapa.

Terrenos. Las haciendas y ranchos del Departamento tienen en junto 296,714 hectaras de terreno de propiedad particular. Quedan además muchos otros baldíos ó de las compañías deslindadoras, que pueden obtenerse á $3 ó $4 hectara.

Este Departamento ocupa entre los demás:

El 4º lugar en población.

El 1er. lugar en instrucción. Sabe leer y escribir el 14.82 por ciento de su población total.

El 2º lugar en extensión de propiedad territorial.

El 4º lugar en el valor fiscal de la propiedad rural, que asciende á $1.573,521.14.

Explotaciones. Las de más importancia son las siguientes:

Crianza de ganado vacuno. Hay en las haciendas del Departamento 50,000 reses; cuyo número aumentará considerablemente, pues hay todavía sin ocuparse muchos terrenos útiles para este negocio, que es en la actualidad el más seguro y de mejores resultados en Chiapas. Las vacas del campo valen en el Departamento de $12 á $14 cada una; los novillos flacos de $16 á $20 y los bueyes de $25 á $40. Cada año se exportan unos 5,000 novillos, de los cuales unos van para Tabasco y los demás para Soconusco y Guatemala. Los terrenos de propiedad particular buenos para la crianza de ganado valen de $3 á $5 hectara.

Crianza de ganado caballar. Formaba antes una de las principales riquezas del Departamento y eran notables los caballos de Ocosucoutla. En los últimos años muchas de las yeguadas se han llevado á otros Departamentos y á Guatemala, quedando bastante reducido el negocio.

Las yeguas de crianza valen de $20 á $25 una; los potros de tres á cuatro años, brutos $25 á $30, los caballos mansos ordinarios de $30 á $50, los muletos de un año á $40.

Añil. En todo el Departamento hay terrenos buenos para el cultivo del jiquilite *(indigofera)*. En Suchiapa y en los Valles de Jiquipilas y Cintalapa se cosecha añil de clase muy buena. El precio de este tinte es muy variable; la cosecha de 1893, que fué pequeña se vendió de $1 á $1.25 es. la libra.

Azúcar. Abundan los terrenos buenos para el cultivo de la caña de azúcar que forma una de las principales explotaciones agrícolas del Departamento. La mayor parte de las pequeñas haciendas cercanas á la cabecera, casi todas las de los citados Valles de Cintalapa y Jiquipilas y muchos pequeños ranchos de San Fernando, cosechan este dulce que se consume en el mismo Departamento y en los vecinos de Chiapa y Tonalá. Los terrenos de San Fernando son tan fértiles que en las faldas de las colinas plantan los indígenas sus cañaverales sin arte ni cuidado alguno y obtienen de ellos buenas cosechas por ocho ó diez años. A ocho kilómetros al Poniente del pueblo de Ocosucoutla se encuentra *la Ciénega*, vasta extensión de terreno plano que en la época de las lluvias se cubre de agua, conservando la humedad una parte del año. La caña da allí muy buenos rendimientos y se conserva por muchos años.

Café. Hace tiempo que se cultiva con buen éxito aunque en pequeña escala. Ultimamente se ha dado más atención á este negocio y hay ya plantados en el Departamento más de 500,000 cafetos y en perspectiva muchas empresas nuevas. De este café se han enviado ya algunas pequeñas cantidades á Nueva York y Hamburgo, y su clase ha sido ventajosamente calificada.

Los cafetales en explotación se encuentran en los terrenos de Ocuilapa al N. O. de Tuxtla Gutiérrez. Hay en esa región muchos terrenos cafeteros de propiedad particular y baldíos; los hay también en San Fernando, y al Norte de Cintalapa, en donde actualmente se están formando fincas nuevas. Al O. de Cintalapa está el Cafetal *Fénix*, comenzado á formar en 1891, y que tiene ya más de 100,000 cafetos plantados, y además buena cantidad de almáciga y semilleros, con un terreno de propiedad que mide 1,000 hectáreas; todo con un costo de $18,000. A principios de este año (1894) se han ofrecido $50,000 por esa finca.

Terrenos buenos para café se han vendido en Cintalapa á $300 caballería ó sea $7 hectárea. Al mismo precio pueden comprarse los de Ocuilapa y San Fernando.

El café que se cosecha en estos últimos se llevará en mulas á Quechula,—70 kilómetros—y de allí en canoas para San Juan Bautista de Tabasco.

Las cosechas del rumbo de Cintalapa se exportarán por el Pacífico, embarcándolas en Tonalá—120 kilómetros de camino carretero—ó se llevarán á Coatzacoalcos por el ferrocarril de Tehuantepec.

Magueyes. Se produce muy bien en todo el Departamento esta planta de que se extrae la fibra llamada *Ixtle*. El maguey crece y se desarrolla en los terrenos áridos y pedregosos que no pueden emplearse para otros cultivos. Hasta ahora sólo en alguna hacienda de Cintalapa se cultiva en regular escala, pero es seguro que más tarde será un ramo de explotación productivo cuando las cosechas de café del Departamento requieran grandes cantidades de sacos que pueden hacerse de ixtle en vez de importarse del extranjero. El cultivo del maguey requiere muy poco trabajo. Se propaga por medio de *hijos*, plantitas que nacen al rededor de la mata, y también por las flores que no son más que magueyes en miniatura. Una vez plantados no necesitan más que algunas limpias, y á los tres años están en estado de explotación. Una mata de maguey da por término medio dos libras de fibra al año, y dura en producción seis años, en cuya época da la flor y muere. La planta que no se explota muere á los tres años. De cada mata salen de cuatro hasta diez *hijos* y de cada flor 200 á 300 plantitas; éstas dan buena fibra á los cuatro años de plantadas. Las plantas muertas y los tallos de las flores *(ocuy)* que se elevan á tres ó cuatro metros de altura dan suficiente combustible para alimentar las calderas de vapor necesarias para la maquinaria de raspar, torcer y tejer el ixtle.

II

Este Departamento tiene 23,333 habitantes, de los cuales son 14,565 *ladinos* y 8,773 indígenas de la raza zoque. De éstos, 2,400 no hablan castellano. Se compone el Departamento de los Municipios de Tuxtla Gutiérrez, Ocosucoutla, Jiquipilas, Cintalapa, San Fernando y Suchiapa.

Tuxtla Gutiérrez. Cabecera del Departamento y actual residencia de los Poderes del Estado, tiene según el último censo 6,581 habitantes: se encuentra á 586 metros sobre el nivel del mar, en un pequeño valle limitado al N. por la serranía del *Sumidero* y al Sur por el Mactumetzá, (cerro de las once estrellas). Su temperatura media al año es de 26° C. Es centro mercantil del Estado y su importancia aumentará cuando esté terminada la carretera en construcción que unirá á Tuxtla y Chiapa con el puerto de Tonalá y con el importantísimo ferrocarril de Tehuantepec. Actualmente se transportan en mulas las mercancías que desembarcan en Tonalá, con un flete de dos ó tres centavos libra.

El Gobierno del Estado costea en esta ciudad una Escuela Industrial Militar, y el Ayuntamiento una *Escuela de enseñanza superior para señoritas* y otra *Regional Preparatoria* para niños y varias de primera enseñanza.

Es de alguna importancia mercantil la *feria de Guadalupe* que se celebra todos los años del 8 al 12 de Diciembre. Concurren á ella negociantes de todo el Estado y muchos de fuera de él, y hay en esos días un movimiento mercantil que pasa de un millón de pesos. La *feria* de *San Marcos* que tiene lugar del 22 al 26 de Abril es menos importante.

Como establecimientos industriales deben citarse dos fábricas de puros y cigarros y una curtiduría de pieles.

El Gobierno Federal tiene en esta ciudad, Jefatura de Hacienda, Juzgado de Distrito, Administración principal del Timbre, Oficina telegráfica, Administración de correos y un batallón del Ejército.

Geografía 7

Los ranchos anexos á Tuxtla tienen 3,168 habitantes, de manera que en el Municipio hay próximamente 9,749.

Ocosucoutla, á 32 kilómetros al N. O. de Tuxtla Gutiérrez. Tiene el Municipio 3,029 habitantes, de los cuales 1,619 viven en el pueblo y 1,410 en los 31 ranchos.

San Fernando á 16 kilómetros al N. de la cabecera, Hacienda de caña, llamada las Animas, fué erigido en pueblo por decreto del Gobernador D. Fernando N. Maldonado, en cuyo honor se le puso el nombre que ahora lleva. Está situado en posición muy pintoresca, á 820 metros sobre el nivel del mar. Sus habitantes (1,142 en el pueblo y 967 en los once ranchos); indígenas la mayor parte de la raza zoque, están dedicados al cultivo de la caña de azúcar de que sacan regular provecho. Los cafetales que se están formando en este Municipio prometen buenos resultados.

Suchiapa, con 1,338 habitantes; pueblo situado á orillas del río de Santo Domingo, á 16 kilómetros al Sur de Tuxtla; clima cálido y terrenos muy buenos para el cultivo del maíz y del jiquilite (añil). Sus nueve ranchos tienen 1,045 habitantes.

Jiquipilas, 441 habitantes; antiguo pueblo de clima cálido é insalubre. Las 27 haciendas anexas á él tienen 1,364 habitantes.

Cintalapa á 4 kilómetros al N. O. de Jiquipilas. Tiene oficina telegráfica y Administración de correos y es residencia de un Jefe político que tiene jurisdicción sobre ambos Valles. La población tiene 838 habitantes y sus 49 haciendas anexas 3,425.

Las haciendas de Jiquipilas y Cintalapa, que tienen en junto 4,789 habitantes, están dedicadas al cultivo de la caña de azúcar, del maíz, del jiquilite y arroz; pero su principal negocio es la crianza de ganado vacuno, del cual tienen unas 40,000 cabezas.

HABITANTES SEGÚN EL CENSO DE 1892

MUNICIPALIDADES.	CABECERAS.	RANCHERIAS.	TOTALES.
Tuxtla Gutiérrez...	6581	3168	9749
Ocosucoutla........	1619	1410	3029
Jiquipilas..........	441	1364	1805
Cintalapa..........	838	3425	4263
San Fernando......	1142	967	2109
Suchiapa..........	1338	1045	2383
Totales....	11959	11379	23338

DEPARTAMENTO DE TONALÁ.

I

Está separado al Norte de los de Tuxtla y Chiapa por la Sierra Madre y colinda al Sur con el mar Pacífico, al Oeste con el Soconusco y al Este con el Estado de Oaxaca.

La Sierra Madre corre casi paralela á la costa, dando al Departamento la figura de un paralelógramo rectangular que mide unos 200 kilómetros de largo de Oriente á Poniente por 27 de ancho de Norte á Sur con una área total de unos 5,400 kilómetros cuadrados.

Bajan de la sierra muchas corrientes de agua, pero siendo tan corta la extensión que recorren, pocas se conservan en la época de las secas. Los principales ríos son: el de las Arenas, próximo á las fronteras de Oaxaca, Lagartero, Rosario, Tiltepec, Sanatenco, Quezalapa, Ocuilapa, Amates, Horcones, Pedregal, Jesús, Los Patos, Nancinapa, Urbina, Pijijiapam, Cuapa, Carretas, Río-Bobo, Novillero, Mapastepec y Uluapa, que sirve de límite con el Departamento de Soconusco.

El terreno es en general completamente plano, desde las orillas del mar hasta tocar las primeras estribaciones de la sierra. En la parte Occidental se extienden grandes llanuras limitadas al Sur por los frondosos bosques que siguen la orilla del mar y van á unirse en Pijijiapam con las inmensas selvas que cubren toda la parte oriental del Departamento, siguen por todo el Soconusco y continúan hasta internarse en Guatemala.

Los esteros ó mares interiores que vienen desde Tehuantepec y van hasta más allá de las fronteras de aquella República, ofrecen buena vía de comunicación que puede ser fácilmente mejorada con trabajos de canalización. Los esteros se comunican con el Océano por las barras que traen á las lagunas el flujo y reflujo de las mareas sin dar paso á las alteraciones del mar. Las principales barras son: la de Tolomite, frente á Pijijiapam, la de San Marcos en el estero de la Joya y la de Paredón en el estero del mismo nombre, antiguo puerto de Tonalá, abandonado cuando fueron ya insuficientes para el comercio del Estado los pequeños buques de vela que dieron principio á las relaciones marítimas con el exterior.

El clima es cálido: á orillas del mar, las brisas atenúan en un tanto el calor, pero apartándose de aquéllas, el termómetro marca siempre temperaturas que no bajan á de 25 á 30° y que llegan á 35° C. en Mayo y Junio, á la sombra.

Terrenos. Las haciendas del Departamento tienen 200,413 hectaras de terreno de propiedad.

Explotaciones. La crianza de ganado vacuno es el principal ramo de riqueza de las haciendas del Departamento. Hay en ellas actualmente unas 25,000 reses de la mejor raza en todo el Estado por su tamaño y lozanía, debido sin duda á la sal que encuentran en las playas y á las emanaciones salinas que las brisas del mar llevan á las praderas del interior. Es éste un negocio que con el tiempo debe adquirir grandes proporciones en este Departamento, pues sus campos y su clima son inmejorables para el desarrollo del ganado. En las grandes llanuras que se extienden desde las fronteras de Oaxaca hasta llegar á los selvas de Pijijiapam hay 3,000 kilómetros cuadrados de terrenos en que pueden pastar libremente 100,000 reses que darán pingües utilidades, cuando con poco trabajo se aprovechen los potreros naturales que hay en las orillas del mar. Las engordas de novillos que tantas utilidades han producido á los hacendados de Soconusco y Guatemala, podrán hacerse en Tonalá con mejores resultados, llevándose después el ganado gordo directamente á los mercados de consumo. Salen ahora de Tonalá anualmente unos 3.000 novillos, que valen en las fincas de $15 á $20 cada uno. El ganado de crianza, vale de $12 á $15 cabeza, y terrenos buenos para este negocio pueden comprarse á particulares de $3 á $5 hectara.

Añil. El jiquilite (Indigofera) se produce casi expontáneo en los terrenos secos al Occidente de Pijijiapam; con poco trabajo pueden hacerse allí grandes siembras de jiquilite que en aquellos campos produce mucho añil de clase superior. Hace algunos años era éste el principal negocio de Tonalá, pero se ha abandonado por haber bajado considerablemente el precio del añil.

Azúcar. La caña de azúcar se desarrolla admirablemente sin necesidad de riego en los terrenos próximos al mar. Hay una zona de más de 100 kilómetros de largo por 10 de ancho; es decir, más de mil kilómetros cuadrados de tierras buenas para este cultivo.

Tabaco. Tiene fama merecida el que se cosecha en los campos de Mapastepec. Aplicándose allí los conocimientos modernos de este cultivo, la clase de tabaco mejoraría mucho y podría rivalizar con los buenos de

Cuba. El citado Municipio tiene grandes extensiones de terrenos tabaqueros, todos de propiedad particular que pueden obtenerse á $4 ó $5 hectara.

Hule. Se encuentra silvestre en las grandes selvas de Pijijiapam y Mapastepec. Su cultivo no ha sido atendido hasta ahora, aunque es sencillo y de buenos resultados. Dentro de la montaña se plantan ramas de hule, que convertidas en árboles comienzan á dar goma á los ocho años. Cada arbol produce dos libras de hule, que en los últimos años se ha vendido en Tonalá de $30 á $45 quintal.

Cocos. Hay en el Departamento lugar para sembrar millones de cocoteros que serían una fuente de riqueza para los empresarios y para el país. (Véase el cultivo de esta palmera en la sección respectiva.)

Pesquerías. Los esteros abundan en pesca variadísima. Las pesquerías se establecen á fines de Octubre y terminan en Marzo al principiar las lluvias. El pescado que sacan, se vende en la playa, salado y secado al sol de $6 á $12 quintal, y es llevado para el interior del Estado, para Oaxaca y para Guatemala. Los indígenas del Departamento de San Marcos en dicha República pagan bien la carne de caimán asada que llevan desde los esteros de Tonalá. A orillas de éstos hay inmensas cantidades de patos y aves marinas.

Salinas. Durante la estación de las lluvias, las aguas invaden las playas bajas de los esteros. Cuando terminan aquéllas y se secan á influjos del calor solar y de los primeros vientos que soplan del Norte, quedan cubiertas las playas de una eflorescencia salina llamada *salitre*. Después en la calurosa estación seca, basta la humedad del rocío de la noche para reproducir dicha eflorescencia, hasta que las primeras lluvias de Abril barren las playas y destruyen la capa salitrosa. Las salinas de Tonalá se componen de *las coladeras* y *las pilas*. Sobre estacas de madera y á una altura de un metro poco más ó menos, está formada de varas de madera *la coladera*: un depósito en forma de caja con las paredes interiores revestidas de barro y el fondo cubierto de paja seca. La coladera se llena de salitre hasta más de la mitad y encima se va vertiendo agua de mar, tomada de un pozo hecho en la playa á poca distancia de la coladera. El agua al atravesar la capa de salitre se satura de sal y cae en un depósito excavado debajo de la coladera. Los salineros dicen que la salinera está de punto cuando sobrenada en ella un huevo fresco de gallina. Entonces la pasan á *las pilas*, pequeños depósitos formados en la playa con paredes de barro de diez centímetros de alto. A influjo del sol y de los vientos la evaporación es muy rápida, la sal cristaliza pronto y recogida y amontonada en la playa, queda lista para su venta. No pasan de 3,000 fanegas (1 fanega =130 kilos) de sal las que se cosechan anualmente en esas salinas y su precio ordinario es de $0,75 á $1 en la playa. Mejorando el sistema de fabricación, la sal se obtendrá más barata y de clase más pura, y cuando los caminos carreteros que actualmente se construyen para el interior del pais abaraten los fletes, esa industria tomará indudablemente gran impulso, pues sólo el vecino Departamento de Tuxtla necesita para sus 50,000 reses más de mil toneladas al año.

Los muchos pantanos que se forman durante las lluvias, son causa de la insalubridad de este Departamento en los meses de Octubre á Diciembre. En Enero, cuando aquéllos se secan por completo desaparecen las fiebres palúdicas y queda el país enteramente salubre durante el resto de año.

Entre los 12 Departamentos del Estado, éste es:

El 11º en población.

El 7º en instrucción. Sabe leer y escribir el 2.91 por ciento de su población total.

El 5º en extensión de propiedad territorial y

El 8º en el valor fiscal de la propiedad rural, que monta á $648,303.

II

El Departamento tiene 10,032 habitantes, todos ladinos, siendo esta la única parte del Estado en donde no hay indígenas. Está dividido en los cuatro Municipios de Tonalá, Arista, Pijijiapam y Mepastepec.

Tonalá. 3,470 habitantes. Esta ciudad, cabecera del Departamento se encuentra á los 5º 4' 31" longitud E. de México y 16º 7' 38" latitud N.; está situada á 40 metros sobre el nivel del mar, del cual dista en línea recta unos doce kilómetros. Es el punto de depósito de las mercancías que para el interior del Estado se desembarcan en el próximo puerto de Arista, al cual está unido por un teléfono.

Hay en Tonalá, además de las autoridades locales y Departamentales Oficina telegráfica, Administración de correos, Administración de la Renta del Timbre y Agencias consulares de Francia y España. Temperatura media 28º C.

Los jornaleros ganan de 38 á 50 centavos diarios. Las 39 haciendas de este Municipio tienen 3,853 habitantes.

El maíz vale en Tonalá, generalmente á $6 la fanega de 325 libras; el frijol de $12 á $18 y el arroz á $2 @. Estos artículos vienen de los vecinos Departamentos de Tuxtla y Chiapa, pues aunque los terrenos de Tonalá son feracísimos, no pueden levantarse allí grandes cosechas, porque el ardiente clima no permite se guarden por mucho tiempo los citados cereales que se pierden pronto.

Al Norte de la población y en una altura de 600 metros sobre el nivel del mar, se encuentran construcciones de los antiguos pobladores de

esos lugares. La principal es la llamada "La Iglesia"; consiste en una pirámide, cuadrilátera truncada hecha de grandes sillares de piedra canteada.
El lado de la pirámide que da al Oriente lo forma una rampa empedrada, que
permite fácil subida á la cúspide; los otros tres lados son inaccesibles. Al frente
de la pirámide se extiende una especie de plaza perfectamente horizontada,
en cuyo centro hay un cuadrado de piedras labradas. Descendiendo hacia el
Sur por rampas empedradas que se conservan hasta ahora, se encuentra
otro rellano artificial, y enmedio tendida una gran piedra de forma cónica
irregular, en uno de cuyos extremos está toscamente tallada una enorme
cabeza de indio. De muy cerca de allí arranca una calzada de piedra que
sigue al Oriente. se pierde en las barrancas de la sierra y vuelve á encon-
trarse á siete leguas en el camino que va de Tonalá á Soconusco.

En la plaza principal de Tonalá hay una piedra de unos dos metros
de altura, con un bajo relieve que representa un guerrero; fué encontrada
en la playa, cerca del estero de Paredón, en el lugar llamado *Moctezuma*,
en donde quedan otras piedras semejantes enterradas en la arena.

Arista. (166 habitantes). A 18 kilómetros al S. E. de Tonalá se encuentra esta pequeña población fundada recientemente en la playa llamada
"La Puerta" ó "Puerto de Tonalá". Lo forman casi exclusivamente los
empleados de la Aduana, los de la Empresa de lanchas y los de algunas
casas de comercio de Tonalá.

Los vapores de la "Pacific Mail Steam Ship Company" subvenciona-
dos por el Gobierno mexicano, tocan en este puerto dos veces al mes; una
procedentes de Panamá y Centro América y otra de San Francisco y los
puertos mexicanos del Norte.

La carga y descarga de los buques se hacen por medio de lanchas de
una empresa particular Ordaz, Liljehult y Cª. que cobra según la tarifa que
va al final de este libro.

Las mercancías se llevan á Tonalá en carretas pagando $4 por tone-
lada.

En 1889 una compañía inglesa comenzó á construir el *Ferrocarril
Mexicano del Pacífico*, que partiendo de Arista debía pasar por Tuxtla y
llegar á Frontera de Tabasco. Dicha compañía construyó 50 kilómetros
hasta la estación de *La Aurora* y suspendió los trabajos abandonando la
linea y gran cantidad de materiales de construcción.

Pijijiapam, á 95 kilómetros al Oriente de Tonalá, con terrenos muy
buenos para potreros, jiquilite, plátano, cocos y tabaco. El Municipio
tiene 1,636 habitantes, de los cuales 862 viven en la población y 774 en
los 14 ranchos y haciendas.

Mapastepec, á 160 kilómetros al Oriente de Tonalá, pueblo muy pintoresco con 907 habitantes, que se ocupan principalmente en el cultivo

del tabaco y la extracción de hule. Este Municipio tiene los terrenos más fértiles de todo el Departamento.

HABITANTES SEGÚN EL CENSO DE 1892

MUNICIPALIDADES.	CABECERAS.	RANCHERIAS.	TOTALES.
Tonalá........	3470	3853	7323
Arista...........	166	—	166
Pijijiapam........	862	774	1636
Mapastepec	907	—	997
Total......	5405	4627	10032

DEPARTAMENTO DE SOCONUSCO.

I

El Departamento de Soconusco se encuentra limitado al Norte por el de Comitán, al Oeste por el de Tonalá, al Sur por el mar Pacífico, y al Este por el Departamento de Retalhuelen de la República de Guatemala

Como en el Departamento de Tonalá, la .Sierra Madre corre en éste casi paralela á la costa, dejando entre ella y el mar una faja de tierra plana de siete á diez leguas de ancho. Es continuación de la faja que viene desde Tehuantepec, cubierta aquí por los frondosos bosques que comienzan en Pijijiapam (Tonalá) y continúan hasta internarse en Guatemala. Esas tierras son de una feracidad que se ha hecho proverbial, y las sierras no lo son menos: en ellas se encuentran los famosos terrenos cafeteros, tan buenos como los mejores de Guatemala.

Ríos. Desde el arroyo de *Sesecapa*, que sirve de línea divisoria entre este Departamento y el de Tonalá, se encuentran muchas corrientes de agua, que bajan de las próximas sierras. Las principales son: el río de *Doña María*, el *Despoblado*, á media legua de San Felipe, el *Cacaluta*, el *Cintalapa* que pasa por Escuintla, el de *Huistla*, el·de *Huehuetan*, el *Coatan* que pasa por Tapachula, el *Cahocan* y el *Suchiate* que sirve de línea divisoria con Guatemala. Hay además muchos arroyos que corren casi superficialmente y que con poco que aumenten su caudal se desbordan por todas partes dando á aquellas tierras la asombrosa fertilidad que las distingue.

El clima es cálido, aunque mucho más benigno que el de Tonalá, por que la vegetación atenúa mucho la fuerza de los rayos solares. En la sierra se goza de temperatura fresca.

Los terrenos de Soconusco tienen todos aplicaciones muy ventajosas. En la parte baja hay grandes extensiones de tierras buenas para potreros

Geografía 8

y para el cultivo de la caña de azúcar, de cacao, de hule, de tabaco y de cocos; y en la sierra los hay inmejorables para café.

Cacao. Antes que el café ocupara el primer lugar, fué el principal negocio agrícola del Soconusco. La superioridad de su clase es universalmente conocida y constituye hasta ahora un buen negocio. Las márgenes de los ríos tienen muchas vegas buenas para este cultivo, que pueden comprarse á particulares á $5 ó $6 hectara.

Los potreros ó sean praderas artificiales para la engorda de ganado han producido pingües resultados. Tumbada la montaña, se deja secar la madera para poderla incendiar. Se siembra maíz en el terreno ya limpio, y luego *zacatón* entre los surcos del maíz. Cuando se cosecha éste, el potrero queda formado sin costo alguno, pues el valor del maíz cubre por lo general todos los gastos. Al año de sembrado el zacatón, está listo el potrero para recibir animales.

Los negociantes en ganado *(partideños)* lo conducen en dos épocas del año; en Junio y en Noviembre. Compran los novillos (toros castrados) de las haciendas de Tonalá, Tuxtla é Istmo de Tehuantepec, y los llevan haciendo pequeñas jornadas hasta Soconusco, y muchos hasta las primeras poblaciones guatemaltecas. Después del largo viaje, llegan los animales flacos y extenuados y así entran á los potreros, en donde á los seis ú ocho meses están completamente cebados. Los novillos flacos son vendidos en Soconusco de $25 á $35 y los gordos de $50 á $60.

Campos buenos para hacer potreros, pueden comprarse á $5 ó $10 hectara.

El hule se reproduce bien en todo el Departamento, en cuyos bosques crece expontáneo. Entre Tapachula y San Benito se encuentra la hacienda *Los Cerritos* de Don Rafael Ortega en los cuales hay 40,000 árboles de hule plantados hace ocho años y que están ya en explotación. Esa finca que hace diez años fué vendida por $2000 vale ahora más de $50,000.

Cocos. Los cocoteros se desarrollan muy bien en esas tierras, nacen y crecen sin cuidado ninguno y en todos los pueblos grandes del Departamento se encuentran con profusión. Por el rumbo de Mazatán hay cocales tan hermosos, que indican la clase de negocio que puede hacerse con esa palmera, de la cual podrían sembrarse algunos millones en las costas de este Departamento, que lo mismo que el de Tonalá, está tan admirablemente dispuesto para este cultivo, pues por los esteros pueden llevarse los productos á los puertos sin gastos de consideración.

Caña de azúcar. No necesita riego; y da muy buenos rendimientos, sobre todo cerca de la frontera de Guatemala para cuyos pueblos se llevan los productos.

Café. Es el gran negocio de Soconusco. La sierra tiene magníficos lugares para este cultivo que se ha extendido principalmente de Unión Juárez hasta la sierra de Huehuetan.

Los cafetales de Soconusco producen por término medio de tres á cuatro libras por mata; y no son raros los que dan de cinco á siete libras. Tienen la ventaja de estar á corta distancia del mar, con lo cual, además de la baratura de los fletes tienen el beneficio de recibir la influencia de las brisas marinas que tanto aprovechan á esa planta.

En la zona actualmente en explotación, han llegado á valer los terrenos hasta $200 caballería, ó sea $47¼ hectara; pero la sierra continúa con los mismos elementos hácia el Oeste y los terrenos nuevos de Huehuetan hasta Mapastepec (Tonalá) valen á $100--$200, cuando más $300 caballería. En cambio éstos tienen sobre aquéllos la desventaja de no contar con más jornaleros que los que puedan proporcionar los pueblos próximos, mientras que á las fincas de Unión Juárez y las Chicharras concurren muchos trabajadores de los pueblos limítrofes de Guatemala. El jornal es por allí de 37 á 50 centavos diarios.

Los esteros, que comienzan cerca de Tehuantepec corren por la costa de Tonalá y siguen por la de Soconusco hasta muy cerca del puerto guatemalteco de *Ocós*. Con pocas interrupciones son navegables desde *La Joya* (Tonalá) hasta las salinas de Mazatán á siete leguas de Tapachula. Esos esteros se comunican con el mar por las barras de *Zacapulco*, frente á Escuintla; las de *San Juán* y *San José* frente á Pueblo Nuevo; la de *San Simón* y la de *Cahuacan*. Cuando esos esteros estén canalizados, Soconusco tendrá fácil y barata comunicación con el Ferrocarril Nacional de Tehuantepec.

Puerto de San Benito. Está á ocho leguas al Sur de Tapachula: es una rada abierta, algo peligrosa en los meses de Agosto á Octubre. Tocan allí los vapores de la "Pacific Mail Steam Ship Cº.' dos veces al mes, según su itinerario.—Los embarques y desembarques se hacen por medio de lanchas que cobran á $15 tonelada. El transporte de mercancías entre Tapachula y el puerto se efectúa por carros, que cobran á 37 centavos quintal.

La propiedad territorial del Departamento, medía en 1892 en junto 136,377 hectáreas.

Respecto á los otros Departamentos del Estado el de Soconusco es:

El 6º en población.

El 7º en extensión de propiedad territorial.

El 2º en instrucción. Sabe leer el 12,60 por ciento del total de su población.

El 2º en valor fiscal de propiedad rural que asciende (1892) á .... $3.503,301.69.

II

El Departamento de Soconusco tiene (1892) 20,928 habitantes de los cuales 13,056 son ladinos y 7,872 indígenas, que en su mayor parte hablan castellano.

Soconusco está dividido en 17 municipalidades, como sigue;

Tapachula, ciudad de 5,276 habitantes, á orillas del río Coatán; es cabecera del Departamento. Su clima es cálido, pero sano. Además de las autoridades del Estado, hay en Tapachula un Juzgado de Distrito federal, una Aduana marítima, y tiene de guarnición un batallón del Ejército.

Temperatura media, 27° C.

Como empresa industrial, merece especial mención la maquinaria de beneficiar café establecida por los Sres. J. Magee y C°. á inmediaciones de la ciudad. Las rancherías de esta jurisdicción tienen 1815 habitantes.

Acacoyagua, pueblo de 374 habitantes al Poniente de Tapachula.

Escuintla (Santo Domingo), antigua cabecera de la *Provincia de Soconusco* está á 25 leguas al Poniente de Tapachula á orillas del río de Cintalapa. Su clima es cálido; tiene 1159 habitantes.

San Felipe Tizapa, aldea de 108 habitantes. Son notables las hamacas de pita que fabrican los indígenas.

Pueblo Nuevo: 372 habitantes.

Tusantan: 408 habitantes á 12 leguas al N. O. de Tapachula.

Huistla: 760 habitantes, á 12 leguas al Poniente de Tapachula.

Huehuetan: 1,369 habitantes. Está á 8 leguas al Poniente de la cabecera. Tiene vestigios de haber sido población de importancia. Se cuenta que fué destruída por los murciélagos.

Mazatan: 895 habitantes. Está á 6 leguas al Sur de Tapachula, á orillas del río Coatán.

Metapa: 585 habitantes; á 3 leguas al Oriente de la cabecera en el camino que va para *Ocos* (Guatemala).

Tuxtla Chico, llamado así para distinguirlo de Tuxtla Gutiérrez, al cuál se denominaba Tuxtla Grande. Está á 4 leguas al N. E. de la cabecera. Su población es de 1,914 habitantes, á los cuales hay que agregar otros 2442 que viven en las haciendas del Municipio. Terrenos muy buenos para cacao.

Cacahoatán: 346 habitantes, á 6 leguas al N. E. de Tapachula. Sus haciendas tienen 1,680 habitantes. En este Municipio comenzaron á formarse en 1872 los primeros cafetales de Socounsco.

Unión Juárez: 1,200 habitantes, cerca de la linea divisoria con Guatemala. Tiene terrenos muy buenos para café.

HABITANTES SEGÚN EL CENSO DE 1892

MUNICIPALIDADES.	CABECERAS.	RANCHERIAS.	TOTALES.
Tapachula.........	5276	1815	7091
Cacahuatan........	346	1650	1996
Metapa	433	156	589
Tuxtla Chico	1914	2442	4356
Escuintla	989	170	1159
Acacoyagua.......	374	—	374
Acapetagua	178	—	178
Mazatan	895	—	895
Pueblo Nuevo	372	—	372
Huistla...........	760	—	760
Huehuetan........	1369	—	1369
San Felipe Tizapa ..	108	—	108
Unión Juárez......	1200	—	1200
Tusantan	481	—	481
Total........	14695	6233	20928

SEGUNDA PARTE

INFORMACIONES SOBRE CHIAPAS

CAFÉ.

Chiapas esta llamado á ser un gran productor del *grano de oro*. Desde los tiempos en que comenzaron á formarse de una manera completamente empírica las primeras plantaciones de café en Soconusco (1872), hasta la fecha, la importancia de este ramo de agricultura ha aumentado de tal manera que ya es ahora la principal fuente de riqueza de aquel Departamento, y lo será también pronto de los otros siete que tienen terrenos apropiados para este cultivo. Las siembras se hacen ya ajustadas á las bases que han dictado la observación y la experiencia: ya no se aventura el capital, y el trabajo tiene un resultado seguro y conocido de antemano.

A continuación se insertan los informes dados por cosecheros conocidos de Tuxtla y Soconusco.

I

INFORME SOBRE EL CULTIVO DEL CAFÉ EN EL DEPARTAMENTO DE SOCONUSCO.

Adoptando el sistema que la práctica ha enseñado como de mejores resultados, debe procederse para este cultivo á la elección de la tierra donde deba sembrarse. Esta debe ser floja, de color negro, en lomas de poca pendiente abrigadas de los vientos del Norte, si fuere posible, y á una altura barométrica de 3000 á 4500 piés sobre el nivel del mar. Hecha esta elección, se procede á la tala de montaña no dejando ningún árbol en pie, pues está demostrado que á las alturas indicadas la sombra en los cafetales produce pocos rendimientos no obstante la lozanía de los arbustos.

Como la roza del bosque se practica en el mismo año de la formación de las almácigas para conseguir con esto que las maderas tiradas tengan dos años para su pudrición y abono de la tierra, se elije entre lo talado un lote de terreno plano en una extensión aproximada de tres ó cuatrocientas varas cuadradas para la formación de semilleros. Este lote se despoja por completo de troncos, raíces y hojarasca, dejándolo enteramente expuesto á los rayos solares. Se le cava con azada á una profundidad de un pie para formar camellones de una y media á dos varas de ancho: en estos camellones se trazan surcos de tres ó cuatro pulgadas de distancia unos de otros y una pulgada de profundidad, colocando en ellos las semillas con cascabillo á una pulgada también entre sí y cubriéndolas muy superficialmente. A este semillero se le construye una enramada de una y media ó dos varas de alto para librarlo de los rayos del sol al tiempo de sembrarse, pero fácil de quitarle la sombra cuando sea necesario: este trabajo se practica en el mes de Febrero, y como en este tiempo las aguas son escasas, se le riega cada dos días, si no lloviere. En el mes de Mayo que principian las aguas temporales, se despoja el semillero de la sombra, paulatinamente, y se procede á preparar el terreno para la formación de las almácigas bajo iguales condiciones del semillero, en una extensión mucho mayor y colocándole también su sombra de enramada. Este primer transplante del semillero á las almácigas puede verificarse en toda la temporada de aguas, pero el mejor resultado se obtiene haciéndolo en las primeras lluvias, y cuando la plantita tiene sus dos primeras hojas á cuyo estado le llaman "mariposa" ó "concha." El transplante se efectúa arrancando con cuidado las matas del semillero, que por estar sembradas en tierra removida no presenta dificultad: se trazan surcos en el terreno para la almáciga á un pie de distancia unos de los otros, y con un palo con punta que le llaman "macana," se abren hoyos á una profundidad media de seis á ocho pulgadas y se entierra en ellos el vástago, podándole la parte más delgada de la raíz central para evitar que se doble al introducirla en el hoyo y procurando que las hojitas que constituyen la mariposa, toquen la superficie de la tierra.

Hay mucha diversidad de opiniones para la formación de las almácigas, pero la que dejo descrita me ha dado magníficos resultados siempre que he procurado que el terreno sea vírgen y que el lote elegido se encuentre dentro de lo rozado para sembrar, completamente lejos de la sombra de la montaña. La otra forma de almácigas de buen éxito también, aunque no al grado de la primera, es la siembra en medio de la montaña, rozado en su totalidad el lote que se siembre y dejándole como única sombra la que reciba de los árboles que quedan á los lados de la almáciga.

Como antes dejo dicho, debe procederse al derribe del bosque en el mismo año de la formación de las almácigas, pues con esto se consigue, además de la aglomeración de abonos en el lugar que va á sembrarse, el evitar prender fuego á la hojarasca y ramas de árboles que impedirían la siembra simétrica; pues la práctica ha enseñado que los terrenos quemados atrasan mucho el desarrollo de los arbustos.

A los dos años de formada una almáciga y en el principio de las aguas temporales, se procede á preparar el terreno para el transplante rozando á machete el monte bajo y estacándolo con cuerdas ó escantillones á fin de formar líneas paralelas para dejarle buena ventilación á los cafetales. La distancia que se acostumbra por la zona donde trabaja el que subscribe es la de cuatro yardas, siendo muy variable esta distancia en las demás fincas de Soconusco en atención á su mayor ó menor altura sobre el nivel del mar. Hecha la estacada, se ahoya en el lugar que cada una señala, á la profundidad de dos piés por uno de diámetro, procediéndose al transplante en la forma siguiente:

Uno ó más jornaleros se toman el trabajo de sacar el "pilón," el cual se efectúa extrayendo de la almáciga los arbustos con una porción de tierra al derredor de sus raíces, en forma de pilón de azúcar. Otros, habilitados de unos huacales ó cuévanos construidos expresamente para el caso, acarrean estos arbustos al lugar de la siembra donde los reciben los transplantadores para colocarlos en su lugar definitivo. El sembrador, armado de unas tijeras podadoras, cuida de recortar las raíces laterales que sobresalgan de la porción de tierra llamada "pilón," y principalmente poda la raíz central con el objeto de que no se doble al ser colocada la mata en el asiento del hoyo: después medio llena este hoyo con tierra vírgen de la superficie, apretándola ligeramente por sus lados para no romper el pilón con las fuertes presiones: echa tierra en el hoyo hasta cubrir solamente el pilón, y deja el resto sin llenar para que con las lluvias se deposite en él la tierra vegetal que arrastren las corrientes.

Verificada la siembra, debe el agricultor tan solamente atender á la educación y aseo de los arbustos, pues de esto depende la formación de un buen cafetal. Comprendo por educación la tendencia que por lo regular se tiene de darle á un plantío una bella forma, la que se consigue con las podas. Sobre éstas hay una diversidad de opiniones en Soconusco, más el subscrito opina porque un cafetal debe podarse solamente en épocas de lluvias y al principio de éstas, cortando el tallo central á la altura que la misma mata indique, pues unas por su buena forma desde su principio requieren podarlas en la parte alta, y otras por haberse elevado demasiado sin engruesar el tronco, conviene se les pode mucho más bajo. Por lo regular en la poda el agricultor tiende siempre á que todos los arbustos guarden

Geografía 9

una misma altura y que ésta no se exceda sin haber antes desarrollado su tronco, para que pueda soportar, sin doblarse, el peso de las cosechas. El aseo de los cafetales lo constituye su desyerbo y limpieza de los troncos de musgo y parásitas: los desyerbos se ejecutan á machete, procurando destruír en el terreno las plantas nocivas como la grama y bejuco enredador: en el lapso de un año bien puede calcularse necesita un cafetal de cinco á seis limpias siendo más frecuentes las de la estación de aguas. El aseo de los troncos se llega á verificar cuando el plantío tiene ya arriba de diez años de edad, pues sólo que las limpias no se hayan atendido crían parásitas los cafetales de menos tiempo,

Al hablar de las podas se me olvidaba consignar que el efecto inmediato del corte del tallo central en los arbustos de café, es que éstas produzcan en su tronco uno ó más retoños nuevos que conviene arrancar á mano, pues si así no se hace, estos vástagos en su crecimiento robarán la savia que debe alimentar y desarrollar el árbol.

La medida usual por estos terrenos para arreglar los trabajos, lleva el nombre de "cuerda" que es un cuadrado de veinticinco varas castellanas por cada lado ó seiscientas veinticinco varas cuadradas. Bajo esta base, y no queriendo ser prolijo en mi informe, procedo á formular un cómputo de los gastos que origina una plantación de café desde los primeros trabajos hasta su plena producción. Como el número de arbustos que aproximadamente se logran en una cuerda de almáciga es de 5000 calcularemos el costo en lo general de la siembra de estos 5000 árboles, á 4 1/3 varas unos de otros, ó sea 34 matas en cada cuerda.

Primer año.

Tala del bosque (147 cuerdas) por contrata...........	147	"		
Formación del semillero para 5,000 arbustos, (cinco jornales á 38 centavos)...............................	1	88		
Roza de una cuerda para la almáciga..............	1	"		
Limpia de basuras y troncos (diez jornales)..........	3	75		
Barbecho y formación de desagüe (diez jornales).....	3	75		
Enramada (diez jornales).............................	3	75		
Cuatro limpias á mano durante el año á la almáciga, á razón de media cuerda por jornal.................	3	"		
Transplante del semillero á la almáciga (4 jornales)...	1	50	165	63

Segundo año.

Cuatro limpias de la almáciga.......................	3	"		
Destrucción de la sombra artificial al principio de las aguas.....................................	"	75	3	75

Tercer año.

Roza del monte bajo de las 147 cuerdas, á dos cuerdas por jornal	27	75		
Al frente.............	27	75	169	38

Del frente..............	27	75	169	38
Colocación de las estacas á razón de 100 por cada jornal	18	37		
Construcción de hoyos á 50 por jornal..............	36	75		
Sacada del pilón á 100 por un jornal................	18	75		
Acarreo, á razón de 80 por jornal.................	23	50		
Siembra, á razón de 100 por jornal aproximadamente	18	75		
Cinco limpias en el año á una cuerda por jornal (147 cuerdas)....................................	275	63	419	50

Cuarto año.

Cinco limpias al plantío.......................	271	62		
Poda..		88		
Resiembra de matas perdidas á razón de un 4% (siete jornales).................................	2	62		
Recolección de 1,500 ℔. de grano á $ 2.25 el quintal	33	75	313	87

Quinto año.

Cinco limpias...............................	275	63		
Podas y conservación..........................	5	"		
Recolección de 7,500 ℔. á $ 2.25 el quintal..........	168	75	449	38

Sexto año.

Cinco limpias...............................	275	62		
Podas y conservación..........................	5	"		
Recolección de 15,000 ℔. á $ 2.25 el quintal.........	337	50	618	12

Séptimo año.

Cinco limpias...............................	275	63		
Podas y conservación..........................	5	"		
Recolección de 30,000 ℔. á 2.25 el quintal..........	675	"	955	63
Total costo de 5,000 arbustos en siete años....			2,925	88

Enumerados los gastos que origina en 7 años una plantación de 5000 árboles de café, paso á relacionar su producción en los mismos siete años, pues las cosechas siguientes, hasta los 20 años son muy semejantes á las del año septimo.

Primer año (en almáciga)....................	"	"		
Segundo año (en almáciga)...................	"	"		
Tercer año (transplante)....................	"	"		
Cuarto año (á razón de 5 onzas por arbusto) son 1,500 ℔. á 25 centavos.....................	375	"		
Quinto año (á 1½ ℔. por arbusto) 7,500 ℔. á 25 cents.	1,875	"		
Sexto año (de 3 á 4 ℔. por arbusto) 15,000 ℔. á 25 cents.	3,750	"		
Séptimo año (de 6 á 8 ℔. por arbusto) 30,000 ℔. á 25 centavos..................................	7,500	"		
Producción en siete años....................			13,500	"
Deducidos los gastos			2,925	88
Líquido en favor del agricultor..............			10,574	12

Hasta ahora me he concretado á los gastos que demanda el cultivo de 5000 árboles de café, más debe comprenderse que una siembra tan limitada no reportaría utilidades al agricultor por los gastos que de necesidad tiene que efectuar en maquinaria, edificios, presas y alimentación durante los mismos siete años, y los cuales pueden calcularse, poco más ó menos de esta manera:

Casa habitación (techo de lámina de hierro)	1,500	"
Edificio para la maquinaria (techo de lámina)	1,000	"
Veinte ranchos (techo de lámina) para jornaleros	2,000	"
Un despulpador (con refacción)	350	"
Un patio para asolear el café	1.000	"
Una retrilla de madera	300	"
Un ventilador	200	"
Un separador	400	"
Presa de agua	500	"
Herramientas, escaleras, bestias de silla y útiles	2,000	"
Alimentación en siete años á $ 600 anuales	4,200	"
Imprevistos en siete años	2,000	"
Total gastos extraordinarios	15,450	"

Tapachula, Agosto 9 de 1892.—*M. Bejarano.*

INFORME SOBRE EL CULTIVO DEL CAFÉ EN EL MUNICIPIO DE TUXTLA GUTIÉRREZ, SEGUIDO DEL CÁLCULO EXACTO DEL COSTO DE UNA PLANTACIÓN DE 10,000 ÁRBOLES Y SUS RENDIMIENTOS HASTA LA EDAD DE 7 AÑOS.

El cultivo del café es de tal manera ventajoso, que debiera emprenderlo todo agricultor que pueda disponer de terrenos con las condiciones aparentes y que cuente con los elementos necesarios para sostener la empresa durante cinco ó seis años, sin esperar ningún producto hasta esa fecha.

La primera condición que debe tener el terreno más propio para las siembras del café es estar situado en una zona lluviosa, de tal modo, que, cuando más, sólo falten las lluvias en los meses de Abril y Mayo; segunda, que su altura sobre el nivel del mar sea de ochocientos á mil doscientos metros; tercera, que tenga una capa de tierra vegetal por lo menos de doce pulgadas de espesor; cuarta, que no sea cenagoso. y quinta, que el subsuelo no sea calcáreo, pedregoso ó de arcilla impermeable; lo que puede averiguarse, abriendo agujeros de un metro de profundidad á distancia de cincuenta metros en todo el lugar donde, por algún indicio, se crea que la naturaleza del terreno haya cambiado. Si sobre todas estas condiciones hay además, la de que el terreno esté en una hondonada rodeada de alturas, abierto sólo por un lado para dar salida á las aguas en la época de lluvias excesivas, entónces se habrá encontrado un terreno de primera clase porque el deslave de sus laderas se reune al fondo, haciéndolo riquísimo y de una exhuberancia prodigiosa. En segundo lugar debe optarse por las cañadas situadas de Sur á Norte, pues en éstas como en las hondonadas, los plantíos de café están á cubierto del fuerte viento norte dominante desde el mes de

Octubre hasta Febrero, y aunque parezca un contrasentido que estando la cañada abierta de Sur á Norte quede á cubierto de este viento, la verdad es que queda protegida por la altura del Oeste, porque el viento que llamamos Norte, no corre sino de N. O. á S. E. Otras de las ventajas de estas cañadas es que las alturas del E. impiden que los primeros rayos del sol en la mañana lleguen á los cafetos, pues cuando no se tiene presente esta observación sucede que, en el invierno principalmente, el rocío acumulado durante la noche en las hojas del cafeto, al evaporarse súbitamente en la mañana á influencia del sol, produce en ellas un frio intensísimo que perjudica la planta haciéndole tiras sus hojas. Esta precaución es de más utilidad á medida que el cafeto es más tierno, tanto porque sus ramas horizontales al principio son más á propósito para recibir el rocío, como porque siendo pequeños se proporcionan menos sombra; mientras que protegidos los cafetos por la altura, cuando éstos reciben directamente los rayos del sol ya el agua se ha escurrido y están enjutas sus hojas. Tanto por esta causa, cuanto porque los cafetos son muy sensibles á la acción del sol fuerte, el transplante debe hacerse bajo sombra, advirtiéndose que ninguna es excesiva; con tal de que los árboles que la dan sean altos para que circule fresco el aire y no muy gruesos para que puedan quitarse á poco costo; llegado el caso de arralar la sombra; de lo contrario, convendría derribar antes los más corpulentos, máxime si están mal parados; pues son los que deben quitarse primero.

Cuando se termine la siembra del café, si no se puede disponer de acaguales (1) se derribará un bosque vírgen en los meses de Diciembre ó Enero para quemarlo en Abril, pudiendo utilizarse sólo en ese año sembrándolo de maíz, con tal de que, al limpiar ó desyerbar la milpa, se dejen todos los retoños de los árboles que no hayan muerto con el fuego y los arbolitos que hayan nacido y sean susceptibles de llegar á ocho ó diez metros de altura. Recogida la cosecha de maíz, se dejará que el monte se críe libremente y aun sería conveniente quitarle, al año, los bejucos y maleza que nazca debajo, para que desarrolle mejor, y á los dos años pueda ya dar alguna sombra á los cafetos que se le transplanten.

En las zonas lluviosas casi siempre no se puede disponer de acaguales, sino de bosques vírgenes.

SEMILLEROS

Estos deberán ponerse en los meses de Febrero y Marzo y al efecto se escogen los granos de café en cereza más grandes y maduros, se aprie-

---

(1) Se da el nombre de "acaguales" á los bosques nuevos de dos, tres ó más años que producen los terrenos vírgenes después de desmontados y quemados una sola voz.

ta la cereza haciendo saltar el par de granos sin lastimar el pergamino que encierra la almendra. Estos granos se revuelcan en un poco de tierra ó polvo para impedir que se adhieran unos con otros con la melosidad que contienen, se extienden en una tabla ó en el suelo y se dejan secar á la sombra por espacio de ocho ó quince días. En seguida se forman camellones de tierra bien quebrada y pulverizada de seis pulgadas de altura sobre el nivel de lo demás del suelo; deteniéndola con palos acostados. Los camellones tendrán cuarenta y cinco ó cincuenta pulgadas de ancho y el largo que se quiera, no excediendo de diez varas para poder pasar fácilmente de un lado al otro. Preparando así el terreno, se van colocando los granos de café á tres pulgadas uno de otro en líneas atravesadas, también á tres pulgadas de distancia entre sí. Hecho esto, se cubren los granos con una capita de tierra de medio centímetro de espesor, se atraviesan varillas gruesas sobre el camellón apoyando sus extremos sobre los palos que detienen la tierra y á la flor de ella, sin que la toque si es posible. Sobre estas varas se pone una capa de paja y á continuación se riega con una regadera; operación que se hará diariamente por espacio de un mes hasta la germinación del grano. Cuando se note que empieza á brotar en arquitos, se levantará la sombra á la altura de un metro sostenida sobre horquetas y se sigue regando cada dos días hasta que comiencen las lluvias: se arrancará la yerba que nazca removiendo la superficie del terreno sin dañar las raíces del café.

ALMÁCIGOS.

A los tres ó cuatro meses cuando los cafetos tengan ya cuatro ó seis hojitas largas, se formarán de la manera indicada otros camellones, quebrando el terreno por lo menos diez pulgadas de profundidad y extrayendo todas las raíces ó cuerpos extraños que contengan, para poder tajar la tierra sin que se desmorone llegado el tiempo de sacar los cafetos con pilón para transponerlos. Se les pone sombra igualmente sobre horquetas firmes capaces de permanecer allí dos años. A continuación se extraen los cafetitos del semillero con la punta de un instrumento á propósito ó bien enterrando tres dedos al rededor del cafeto y arrancándolo de modo que traiga alguna tierra en sus raíces, debiéndose dejar algunos á distancia conveniente para que crezcan allí mismo. Se llevan al nuevo camellón y se siembran en él abriendo agujeros con una estaca en líneas á diez ó doce pulgadas unos de otros y regándolos inmediatamente para refrescar sus raíces. Estos almácigos deben cuidarse mucho regándolos cada vez que lo necesiten, aun en el tiempo de lluvias si éstas se suspenden por muchos días, desyerbando y removiendo el terreno de modo que sobre él sólo se vean los cafetos. En el segundo año el riego puede ser menos abundante, pero no debe dejarse secar el terreno.

TRANSPLANTE.

A los dos años cuando los cafetos tengan ya tres, cuatro ó más cruces (que forman las ramas con el tallo) se roza ó limpia la yerba que tengan debajo del *acagual* en los primeros días del mes de Junio y acto continuo se trazan líneas á cordel á tres varas una de otra ó más si el terreno fuere muy bueno, separando los obstáculos ó basuras y sobre estas líneas se van sembrando estacas á cada tres varas también para señalar con ellas el lugar que deben ocupar los cafetos. Terminada esta operación se abren los hoyos de media vara en cuadro y tres cuartas de profundidad, procurando poner por un lado la tierra superficial ó vegetal y por otro la del fondo si no fuese igual. El transplante se hará desde Junio hasta Septiembre y nó más tarde, escojiendo los días lluviosos ó nublados, que son mucho más á medida que el terreno es más alto. La operación debe suspenderse cuando pare la lluvia y los días sean despejados y el sol fuerte. Se extraerán los cafetos del almácigo tajando la tierra por los cuatro lados del arbolito, á distancia de cinco pulgadas de su tronco, ó mejor dicho, entre uno y otro, introduciendo una coa ó pala de hierro con mango largo desde la superficie del camellón hasta diez pulgadas de hondo y palanqueando hacia afuera se sacan los pilones. Si hay que llevarlos á larga distancia, se envuelven con cáscaras de plátano ú otra cosa, procurando que si algunos se desmoronan quede siempre alguna tierra en las raíces y se conducen acostados en parihuelas. Antes de transplantar el arbolito se le quita la envoltura y se llena el hoyo hasta la mitad con tierra tomada de la superficie inmediata ó sea desgastando sus propios bordes. La raíz principal de algunos cafetos tendrá un pie de largo ó algo más y convendría más bien cortar la punta sobrante que asentar el pilón dentro del hoyo, porque la raíz quedará doblada, formará un codo ó nudo ó bien tomará la forma de un tirabuzón y el cafeto no medrará sino después de muchos años. Así pués, si la punta de la raíz queda descubierta y no se le quiere cortar, el pilón no se asienta si no le sostiene un hombre ó dos, procurando que su superficie quede al nivel de la del terreno, mientras un tercero echa primero la tierra vegetal que se separó al abrir el hoyo y cuidando de que la raíz no quede torcida, aprieta aquélla por debajo del pilón hasta afirmarle, para que entre todos acaben de llenar con la tierra del subsuelo.

El plantío debe estar siempre limpio y los cafetos sin troncos de árboles ó estorbos que los molesten.

Tres ó cuatro limpias al año bastan mientras tenga mucha sombra pero cuando ésta se le haya disminuído, serán forzosamente cuatro y aun cinco.

Los cafetos siempre resienten el transplante unos más que otros, por haberse cortado sus raíces laterales al extraer sus pilones. Los que hayan sufrido menos crecerán poco en un año y los otros permanecerán el año con sus hojas amarillentas y casi sin criarse, pero al cabo de este tiempo, se habrán repuesto y robustecido reverdeciendo sus hojas. Entonces conviene ya arralar la sombra, quitando los árboles más próximos á los cafetos para que no estorben y para dejar paso á algunos rayos del sol. Esta operación debe practicarse cada año en el mes de Junio, porque los árboles de sombra desarrollan también y la sombra excesiva esteriliza el café.

Al separar del almácigo los cafetos más frondosos traen ya algunas frutitas, que no obstante lo que aquéllos sufren con el transplante, éstas crecen y maduran.

Otro medio hay de hacer el transplante á menos costo y más seguro, pero se requiere forzosamente buena sombra. Si se toman del almácigo cafetitos de un año de edad que no resienten, porque sus raíces no sufren tanto, el pilón es más pequeño su conducción más sencilla, los hoyos serán más chicos, el transplante más fácil y violento puesto que un hombre sin la ayuda de otro puede poner un cafeto; pero en cambio habrá que dar un año más de limpia al terreno que ocupen, regarlo en la seca siguiente cada seis ú ocho días, por razón de quedar muy superficialmente sembrados. Un litro de agua en cada riego á un cafeto, le favorecerá lo bastante.

La flor comienza á manifestarse en Febrero y Marzo, abre sus pétalos en Mayo y Junio y el fruto se cosecha en Enero y Marzo del siguiente año, cuidando en su final de no estropear las flores que repuntan ya para el año venidero.

Al cumplir los tres años de nacidos los cafetos que hayan resentido, no florecen, enfermos como están con motivo del transplante, y los que nada hayan sufrido dan tan pocas flores que se dice que han comenzado á *jugar*, no pudiéndose decir otra cosa del insignificante producto que darán de edad de cuatro años. Del tercero al cuarto año comienzan á crecer de un modo visible y entonces se podan quitando la punta del *cogollo* para que se duplique y cuando sus retoños crezcan media vara vuelven á podarse consiguiéndose así multiplicar sus ramas. Con este motivo cuando tengan cuatro años, estarán de vara y media de altura poco más ó menos y sus ramas, pequeñas todavía, darán cuatro onzas de cosecha el 5° año; el 6° el doble ó algo más, el 7° una libra; el 8° dos y de allí al 12° darán hasta cinco libras los más desarrollados, pudiendo asegurarse que á esa edad el cafetal dará á razón de tres libras por árbol, pues aunque los que estén en buen terreno den cinco libras, algunos habrá que no den una.

Geografía 10.

Si los cafetos no se podan se obtendrá mayor producto en los primeros años, pero el cafetal se habrá educado mal y más tarde habrá que hacer la poda disminuyendo la cosecha de dos años.

La mejor prueba de que el árbol está bien desarrollado es que de los
cinco á siete años de edad su tronco se oculte ya bajo las *enaguas* que le
formen sus ramas colgantes.

En los terrenos situados á mil doscientos metros de altura el desarrollo del café es muy lento y si los árboles han de podarse como es conveniente, cualquier cosa que se diga en el sentido de acortar los plazos indicados para obtener mayor cosecha, es una ilusión.

En los climas cálidos de las zonas lluviosas, de setecientos metros de
altura para abajo la planta desarrolla precozmente, dá un año antes los mismos rendimientos que la situada en los climas templados y la época de la
cosecha se anticipa hasta tres ó cuatro meses; pero lo que el primero ga-
na en precocidad lo pierde en calidad y duración, porque el café es inferior
en aroma y el árbol nunca alcanzará la frondosidad y proporciones del segundo porque su vida es más corta.

No obstante el lento desarrollo del café, como es siempre progresivo
en muy largo periodo, si se le prodigan todos los cuidados que merece, lle-
gará á dar productos extraordinarios. El informante conoce desde hace
cuarenta y cinco años los tres árboles primeramente plantados por curiosidad en una finca de este Municipio, situada á mil setenta y cinco metros
de altura, y desde hace muchos años están dando anualmente una arroba
de cosecha cada uno conservándose tan vigorosos que se cree que permanecerán así por muchos años todavía.

El café es tan privilegiado en este suelo que puede decirse que carece completamente de enemigos. Las plantas parásitas que se le conocen
son tres: una de ellas es un musgo greñoso que regularmente le nace en
la parte más gruesa del tallo, que ni perjudica gran cosa y se destruye fácilmente con una escobeta de raíz de zacatón ó cosa semejante, otra es la
liga que se encuentra muy remotamente y la última es una planta bejuco-
sa y lechosa que aunque rara también, si no se separa con oportunidad, se
adhiere tenazmente con sus raíces consistentes como alambres y se hace
necesario á veces romper la rama para destruirla. Las tusas no lo persi-
guen tampoco y si algunas hay en el terreno, lo abandonan al hacerse el
transplante ó bien al dar las primeras limpias y sólo perjudicarán los cafetos que casualmente encuentren en su paso al practicar sus caminos subte-
rráneos para salirse y no volver más. En suma, la langosta, plaga que todo lo destruye, se posa en los cafetales y aunque los encuentre en estado
de florescencia no les causa ningún daño.

Lo más conveniente para dar principio á todo trabajo en estos lugares, es emprenderlos con sirvientes que adeuden cierta cantidad que nunca pasará de doscientos pesos, porque dada la suma escasez de jornaleros es la única manera de contar con ellos diariamente y no obstante tenerse que pagar el interés del dinero que adeudan. el jornal costará veintiocho centavos.

Costo de plantación de 10,000 cafetos.

Primer año.

	Jornales.	Pesos. Cts.
Por sesenta hectáreas de terreno del que se escojerán las diez mejores para el café, reservándose las cincuenta restantes para otra clase de labranzas, para la instalación de los sirvientes y para pasto de algunos animales de servicio, á tres pesos setenta y cinco pesos hectárea.		225 00
Para rozar, tumbar y picar un bosque vírgen de diez hectáreas del terreno necesario, trescientos jornaleros.	300	
Para el café necesario para semilla, dos pesos		2 00
Ocho semilleros de diez varas para obtener ó sembrar 14,400 cafetitos, á tres jornaleros por arreglo y siembra de cada semillero.	24	
Por riego diario en un mes.	30	
Para levantar la sombra de estos semilleros.	8	
Riego de otros dos meses cada dos días	30	
Por dos limpias á cuatro semilleros por hombre.	4	
Por la preparación, arreglo y siembra de cuarenta y cinco camellones más para los almácigos á tres jornales cada uno.	135	
Por riego de cincuenta y tres almácigos cada tres días en cuatro meses de Febrero á Mayo del siguiente año, calculando que un hombre riegue ocho en el día.	280	
Por cinco limpias en el primer año á cuatro almácigos por hombre en cada una.	65	
Para reformar ó componer la sombra de los almácigos que haya descompuesto el viento.	14	
A la vuelta.	890	227 00

	Jornales	Pesos cts.
De la vuelta....................	890	227 00
Una limpia al acagual en que se ha de hacer el transplante para que se robustezca y críe mejor ...	90	
Total de jornales........................	980	
que á 28 centavos importan.................		274 40

Segundo año.

Riegos de almácigos cada cinco días en cuatro meses en la seca anterior al transplante............	168	
Cuatro limpias más en la misma................	52	
Total de jornales........................	220	
que importan............................		61 60

Trasplante en el tercer año.

Roza ó limpia del acagual...................	90	
5,000 estacas que servirán dos veces cada una....	16	
Arreglar las líneas y estacar el terreno..........	100	
Ahoyadura..............................	200	
Transplante á 25 arbolitos por hombre..........	400	
Cuatro limpias á 90 jornales cada una..........	360	
Total de jornales.....................	1166	
que importan..........................		326 48

Cuarto año.

Arralar la sombra en Junio..................	30	
Cuatro limpias	360	
Total de jornales.....................	390	
que importan.........................		109 20

Quinto año.

Al cumplir los cinco años la plantación dará un producto de veinticinco quintales y siendo que los arbolitos tienen pocos granos y no maduran todos á la vez, la recolección de ellos costará á razón de doce jornales por quintal............	300	
Al frente................	300	998 68

	Jornales	Pesos cts.
Del frente....................	300	998 68

Para despulpar, lavar y secar los veinticinco quintales de café 18

Cuatro limpias........................ 360

Arralar la sombra..... 20

Total jornales... 698

Estos 698 jornales á 28 centavos importan....... $195 44 cts. á los que hay que agregar $40 valor de una máquina despulpadora, cilindro de madera forrado de cobre (usuales aquí) haciendo un todo de.......................... 235 44

Sexto año.

Corte de cincuenta quintales á nueve jornales por quintal............................... 450

Para despulpar etc.......................... 36

Cuatro limpias............................. 360

Total jornales. 846

que importan................................ 236 88

Séptimo año.

Corte de cien quintales de cosecha á seis jornales por quintal.............................. 600

Para despulpar etc 72

Cuatro limpias....... 360

Total jornales....................... 1032

que importan....... .... 288 96

Valor total de desembolsos.................... 1,759 96

INTERESES.

Intereses en siete años sobre $501 40 cts. al 10 p⅛ invertidos el primer año en el costo del terreno y valor de los jornales....................$ 350 98

A la vuelta...................$ 350 98 1,759 96

	Pesos Cts.	Pesos Cts.
De la vuelta..................	350 98	1,759 96
Id. en seis años sobre $61 60 cts. invertidos en el segundo año.......................	36 96	
Id. en cinco años sobre $326 48 cts. invertidos en el tercer año........................	163 24	
Id. en cuatro años sobre $109 20 cts. en el cuarto año...., ...	43 68	
Id. en tres años sobre $235 44 cts. en el quinto año.	70 63	
Id. en dos años $336 88 cts. en el sexto año.......	47 37	
Id. en un año sobre $288 96 cts. en el séptimo año.	28 89	
Total de intereses....		741 75
Total de desembolsos é intereses............		2501 71
Como se dijo antes el cafetal produjo el 5º año 25 quintales de café en pergamino que vendidos al precio corriente de $15 quintal importan......	375 00	
Producto del sexto año 50 quintales á $15........	750 00	
Producto en el séptimo año 100 quintales á $15....	1500 00	
Intereses en dos años sobre la primera suma al 10 p$\gtrless$.	75 00	
Intereses de un año sobre la segunda suma........	75 00	
Total........	2775 00	
Costo del cafetal.....		2501 71
Producto en siete años.....................		2775 00
Quedan como utilidad líquida..................		273 29

Y el cafetal en progresiva producción sin límites asignables hasta ahora en las plantaciones de nuestra zona cafetera; pero que ya en el octavo año no sería aventurado atribuirle un valor de *veinticinco mil pesos*, puesto que produce una renta anual de $2,500 á 3000.

Pueden comprarse terrenos cafeteros en Chiapas á los precios siguientes:

En Soconusco de $40 á $50 hectara.

En Pichucalco y Tuxtla á $10 hectara.

En Simojovel y Mescalapa á $10 pesos hectara.

En Chilón y Palenke de $3 á $4 hectárea.

CULTIVO DEL COCOTERO

(COCUS NUCIFERA.)

Pocos negocios hay tan fáciles y lucrativos como el cultivo de la palmera del coco, cuando se hace en lugares convenientes. Chiapas los tiene magníficos en sus costas del Pacífico y en las márgenes de los grandes ríos de Palenke. Pichucalco y Mezcalapa

En el Distrito de Baracoa (Isla de Cuba) la exportación de cocos y de su aceite forma la principal riqueza del país. Anualmente se recogen unos once millones de cocos que en su mayor parte se llevan á los Estados Unidos. En 1870 se emplearon allí mismo tres millones de cocos en la extracción del aceite exportando 7,500 quintales. Pero esta cantidad es insignificante comparada con la exportación que de esa grasa se hace en Cochinchina, Ceylán y Sidney. Solamente el mercado de Lóndres consumió en 1871 de esas tres procedencias 55,672 quintales de aceite y quedaban en el mes de Mayo del mismo año en Ceylan á flete para distintos puertos de Europa otros 39,000 quintales. Esto puede dar idea de la importancia que tiene el aceite de coco y el cultivo del cocotero.

En Ceylán hay un comercio muy activo de coco, y allá produce cada palmera por término medio, 30 cocos cada año. En los buenos terrenos de Chiapas los cocoteros dan de 250 á 300 frutos al año, es decir, diez veces más que en Ceylán.

El cocotero es un arbol que necesita poco ó ningún cuidado y que produce frutos por más de 50 años. No le afecta el cambio de estaciones que perjudica á otras plantas y no se altera porque llueva mucho ó deje de llover. Se eleva hasta 60 piés de altura y resiste sin quebranto las tempestades y huracanes de los trópicos por fuertes que sean. No tiene estación fija para fructificar: durante todo el año el coco se encuentra en el árbol verde, seco ó en flor. Esta es muy hermosa, aparece en la base de las hojas del árbol en forma de pera y de color verde y permanece recta hasta que su propio peso la inclina hacia abajo. Al abrirse aparecen una infinidad de ramos y al extremo de cada uno de ellos un coquito en miniatura que necesita unos catorce meses para madurar.

Para semilla deben escogerse los cocos que han caído por sí solos del árbol, perfectamente maduros. Se entierran en un lugar húmedo para que germinen y cuando los vástagos tienen de diez á doce pulgadas se les transplanta al lugar que se les destina, sembrándoles en hoyos de tres piés de profundidad por uno de diámetro, El tallo se cubre con sólo un pie de tierra fresca y se tiene cuidado de ir llenando el agujero gradualmente según vaya creciendo la planta, hasta alcanzar la superficie del terreno. Los árboles deben plantarse á la distancia de 25 piés unos de otros. Después de cambiar alguna que otra palmera que no haya resistido el transplante, la plantación no necesita ningún cuidado hasta que viene el fruto.

En los lugares indicados arriba, los cocoteros empiezan á fructificar á los seis años de edad y hay árboles que pasan de los 60 años y continúan dando frutos.

El gran volumen del coco entero según viene del árbol, ofrece grandes desventajas para su beneficio económico; hay que emplear cierto sistema, para disminuir ese inconveniente.

Después que el coco ha llegado á su completa madurez, se desprende por sí solo del arbol y á este acto llaman los agricultores *gotear*. Los cocos *goteados* en un cocotal se van reuniendo en un lugar y allí se les quita con un machete el carapacho ó parte filamentosa que les envuelve, quedando así reducidos á menos de la mitad en volúmen y peso. En este estado se llaman *cocos pelados*. Los cocos que se destinan á la exportación enteros, se vuelven á repelar, es decir, se les quitan los últimos filamentos que han quedado adheridos al hueso, dejando éste completamente desnudo. En tal caso el coco queda reducido á menos de la tercera parte de su primitivo volúmen y á menos de la mitad de su peso.

El coco se emplea en la confitería, pero principalmente para la extracción de su aceite de que tanto uso se hace en las fábricas de jabón y de bujías. Para la extracción del aceite se necesita establecer una buena maquinaria que demanda gastos y atención constante. Lo mejor es exportar la *copra*.

La almendra del coco *goteado* dividida en fragmentos y secada al sol durante cuatro ó seis días, se llama *copra*. El aceite de coco comienza á evaporarse á los 260° c., de manera que el calor solar sólo evapora la parte acuosa, dejando á los fragmentos de almendra todo su aceite y reduciéndoles á dos terceras partes de su tamaño primitivo. Cada coco produce de cinco á siete onzas de copra seca, y debe cuidarse de que ésta vaya bien seca para evitar que se averíe. La exportación del coco es así muy ventajosa: da poco trabajo la preparación y reduciendo considerablemente el peso y volumen facilita el transporte con economía de fletes. El envase es también muy sencillo, empleándose para él sacos fuertes, iguales á los que se usan para café. La copra buena contiene de 60 á 62 por ciento de aceite y vale en Hamburgo de 15 á 16 marcos los 50 kilógramos ó sean de 300 á 320 marcos la tonelada.

Una plantación de 10,000 cocoteros, tendrá en Chiapas poco más ó menos los gastos y productos siguientes:

GASTOS.

70 hectaras de terreno para la plantación y casas de la finca á $10 .... $	700 00
Desmonte de 70 hectaras á $10 por contrata .... „	700 00
15,000 cocos para semilla á 10 centavos .... „	1500 00
1000 jornales para hacer los planteles y cuidarlos durante seis meses á 38 centavos uno .... „	380 00
10000 hoyos á un centavo. .... „	100 00
Sembrar 10000 cocoteros á dos centavos cada uno .... „	200 00
14 limpias en 7 años á $3 hectaras ó sean $210 cada limpia.. „	2940 00
Resiembras .... „	100 00
Contribuciones .... „	700 00
Casas, herramientas etc. .... „	1680 00
Total al séptimo año .... $	9000 00
Cada arbol de 7 años costará	90 centavos

PRODUCTOS.

Alfin del quinto año cada palmera producirá por término medio, 12 cocos, y todas.....	120,000
Al fin del sexto año, darán 80 con cada una, en junto..................	800,000
A la vuelta.............	920,000

Geografía 11.

De la vuelta.............   920,000

Al fin del séptimo año, 250 cocos cada una, en
    junto.... .. ..   2.500,000

En los tres años................   3.420,000

Que á 175 gramos (unas 6 onzas) cada una pro-
    ducirán en junto 598 toneladas de copra seca

598 toneladas de copra á $40 tonelada en el lu-
    gar de producción, importará...........   23920   00

Y deduciendo por gastos de recolección y pre-
    paración...........................   7000   00

Quedan líquidos..............$ 16920   00

Es decir, se reembolsan los desembolsos hechos
    para formar la finca y queda una utilidad
    neta de $7920.

Del octavo año en adelante, las 10,000 palmeras
    producirán por término medio 250 cocos
    cada una, ó sean 2.500,000 de cocos en jun-
    to, que á 175 gramos darán 437 toneladas de
    copra seca. Vendidas éstas á $40 tonelada
    importarán.........   17380   00

De las cuales se gastarán al año cuando más....   7380   00

Quedando una utilidad neta al año de........$ 10000   00
Es decir, $1 por árbol.

Hay que advertir que al tipo actual de los cambios sobre Europa, se
vendería la copra á mejores precios que el anotado arriba.

Calculando para la finca una utilidad neta de 20 p$, valdrá con los
productos arriba indicados. la cantidad de $50,000. Este resultado lo dan
pocos negocios, mayormente si se advierte lo libre que está éste de even-
tualidades de todo género. Las palmeras no sufren por los cambios atmos-
féricos, ni por las muchas ó pocas lluvias: dan sus frutos por muchos años
consecutivos sin variar gran cosa en cantidad y hasta los precios de sus
productos en Europa, tienen tan pocas alteraciones, que en 1870 valía la
copra buena en Lóndres de $80 á $90 oro tonelada; y ahora á los 24 años
vale de $75 á $80.

CACAO

Es el producto principal del Departamento de Pichucaleo y dura hasta ahora el renombre del de Soconusco por más que en este Departamento se haya descuidado su cultivo por atender al del café. También Mezcalapa, Chilón y Palenke, tienen magníficas tierras para cacao, cuyo cultivo producirá siempre pingües y seguros resultados al agricultor que le dedique su atención.

INFORME SOBRE SU CULTIVO EN EL DEPARTAMENTO DE PICHUCALCO, POR EL LIC. MANUEL E. CRUZ PROPIETARIO EN EL MISMO DEPARTAMENTO.

Las plantaciones de cacao, siguiendo el sistema antiguamente establecido en este lugar, se siembran en hileras preparadas de antemano, mediante trazos al cordel y colocando antes que el árbol de aquel fruto estacas de otros que puestas con un año de anticipación arraigan y dan sombra bastante para resguardarlos de los rigores del sol; esas estacas se colocan á distancia de poco más de tres metros y se les da el nombre de *madres*, seguramente por el oficio á que se las destina. En medio de dos madres se clavan dos estacas más equidistantes del centro en el que debe trasplantarse la mata de cacao, y esas nuevas estacas se conocen con el nombre de *chichiguas* (1) por una razón análoga á la que indicamos respecto á las primeras. Las estacas madres en este Departamento son del árbol que se conoce aquí con igual nombre, esto es, *madre* ó de otro que llaman *cocoite* y son los mismos que en los Departamentos de Tuxtla y Chiapa llaman *pito*, *cuchunuc* ó *mata ratón*,

(1) Palabra del idioma zoque, que quiere decir *nodrizas*.

Partiendo de ese método puede calcularse (y este es el cálculo generalmente aceptado) que en diez hectáreas de terreno, caben con desahogo diez mil árboles de cacao.

Sentada esa base, recorramos los trabajos que hayan de emprenderse hasta poner la arboleda en estado de producción.

Desde luego hay que hacer el desmonte ó preparación del terreno, empezando por la rozadura, tumba y quema, hasta dejarlo libre de palos y estorbos que impidan la plantación de las *estacas madres y chichiguas*. Hecho esto se tiran las líneas al cordel, se cortan dichas estacas y se clavan á la distancia mencionada.

Por otra parte y en lugar apropósito se hace el almácigo, el cual se cuida hasta tener la seguridad de haber brotado las semillas, que sembradas á flor de tierra y en hileras distantes unas de otras dos decímetros poco más ó menos, se mantienen cubiertas con hojas hasta que se hace preciso quitarlas para formar una cobija, también de hojas que dé sombra suficiente en las estaciones de riguroso calor.

Durante el año en que se levantan los madreados y almácigos, deben cuidarse unos y otros, limpiándose y persiguiendo los animales que los dañan, especialmente á los primeros que son destruídos en los terrenos altos por las *tusas*, que se alimentan de las raíces suaves de los árboles y gusta mucho de las del cacao y cocoite.

Transplantado el almácigo, lo cual se hace con buen éxito en los meses de Junio y Noviembre, arrancando cada arbolillo con sus correspondientes raíces y tierra suficiente á manera de pilón para colocarlo en un hoyo de igual proporción. es indispensable cuidar de las limpias, resiembras, desmadreadas y tusas.

Probable es que por la forma de hileras en que se siembra el cacao se haya inventado el verbo *jilear* para expresar el acto de la limpia, y que por esto se llame jilea á la misma limpia, tanto más que entre los aborígenes es bastante común confundir la pronunciación de la *h* y *f* con la de la *j* y *g*, diciendo por ejemplo *cajué* por café, *jueo,* por feo, *agora* por ahora, etc.

Pues bien. para acomodarnos al lenguaje corriente, diremos que: el plantío de cacao durante los tres primeros años en que la vegetación del terreno es la más abundante por la poca sombra de las madres, necesita de cuatro *jileas* anuales; que bastan tres en los años cuarto, quinto y sexto y dos en cada uno de los siguientes.

Las resiembras y *destuseadas.* no están sujetas á reglas fijas. pues influyen en ellas las condiciones del lugar, tiempo y adelanto de la arboleda.

Hay otras operaciones importantes y de las cuales depende el desarrollo más ó ménos violento del árbol y la abundancia de sus frutos: son la desmadreada y el arreglo de las *chichiguas.* Ellas consisten en ir quitando al árbol poco á poco el exceso de sombra, desgajando las madres y destruyendo las chichiguas cuando impiden el crecimiento de la mata.

Las plantaciones de cacao bien atendidas, empiezan á jugar á los cinco años: esto quiere decir, que apuntan en ellas los primeros frutos con mucha irregularidad y en uno que otro árbol.

En el sexto año se van formalizando sus producciones; ya no sólo *juegan* sino que suelen dar al agricultor para sus gastos y aun para hacer algunos ahorros.

En el séptimo año la cosecha es formal.

Distinguen los propietarios tres cosechas en el año: la principal empieza en el mes de Abril y concluye en Junio, la del *alegrón* se recoge de Noviembre á Enero; y de allí á Marzo la cosecha de *invernada.* En Julio, Agosto y Septiembre suele recolectarse algunos frutos que llaman cacao loco ó aventurero.

Se calcula que en las tres cosechas del año rinden mil árboles de ocho á diez cargas de á sesenta libras, que es el peso usual.

Hagamos ahora el cómputo de los gastos hasta lograr una plantación en estado de rendimientos, siguiendo el orden de los trabajos y calculando el terreno á precio de tarifa como de primera clase y los jornales á cincuenta centavos diarios, si bien pueden conseguirse peones á menor retribución.

Cálculo para un plantío de diez mil árboles de cacao.

Valor de 10 hectaras de terreno de 1ª clase á $1 65
hectara..$ 16 50
100 jornales para la roza..................................,,   50 00
100   ,,   para tumbar la palotada................,,   50 00
 20   ,,   para cortar estacas madres............,,   10 00
 20   ,,   para llevarlas al terreno ....,,   10 00
 80   ,,   para clavar las madres................,,   40 00
 40   ,,   para cortar estacas chichiguas.........,,   20 00
 40   ,,   para el acarreo.......................,,   20 00
100   ,,   para sembrarlas......................,,   50 00
1000 mazorcas de cacao para el almácigo ....,,   20 00
120 jornales para hacerlo incluyendo gastos de cobija,,   60 00
 60   ,,   para tres limpias de almácigo en un año.,,   30 00

       A la vuelta......................$ 376 50

De la vuelta................. .....$ 376 50,

80 jornales para la limpia del madreado al trasplantar
el cacao......................... ....,,   40 00

200 jornales para destusearlo...................,, 100 00

50   „   ·para arrancar el cacao............ ...,,   25 00

150 „   para acarrearlc y sembrarlo..........;,,   75 00

Gastos del primer año.................. $ 616 50

320 jornales para cuatro jileas en el segundo año....$ 160 00

160 „.   para resiembras y tusas...............,, 80 00

Gastos en el segundo año ....   „ 240 00

Id. del tercer año.....................   „ 240 00.

Gastos del cuarto año........................$ 240 00

100 jornales más para componer chichiguas........,   50 00

Total del cuarto año.... ....   „ 290 00

180 jornales para tres jileas en el quinto año.......$ 90 00

160 más para resembrar y destuscar..............,, 80 00

Gasto del quinto año............. ....   „ 170 C0

180 jornales para tres jileas en el sexto año.......$ 90 00

120 „   para resembrar y destusear ....,,   60 00

100 „   para desmadrear...... ....,,   50 00

Gastos de sexto año..................... .... „ 200 00

Total .... $ 1,756 50

Supongamos que las cantidades invertidas en la negociación se hayan tomado á interés y que el tipo
de éste sea el 6 p⑧ anual: en ese caso agregamos
á los gastos referidos lo siguiente:

Interés de $616 50 emitidos el primer año por siete años. $ 258 93

Id. de $240, gastos del segundo año, por seis ......,, 86 40

Id. de igual suma, gastos del tercer año. por cinco....,, 72 00

Id. de $290, gastos del cuarto año, por cuatro.......,, 69 60

Id. de $170, gastos del quinto año. por tres ....,, 30 60

Id. de $200, gastos del sexto año, por dos..........,, 24 00

Intereses ....   „ 541 53

Total........................... .. $ 2,298 03

De suerte que sumando capital é interés da un total de dos mil doscientos noventa y ocho pesos tres centavos.

Calculemos que en el séptimo año rinda la plantación como término medio ochenta cargas de cacao, y que éstas se vendan en el país sin costo de fletes á $20 carga, pues aunque de diez años á esta parte el precio ha sido de veinticinco á treinta pesos, debemos tomar el mínimum; en ese caso importará la cosecha .... $ 1600 00

Menos el valor de doscientos jornales que importarán las dos jileas del año. 100 00

Quedan ....$ 1500 00

Y conviniendo en que las contribuciones que causa esta propiedad importen.................... .... 100 00

Resultará siempre en beneficio del propietario la utilidad líquida anual de...... .. .. 1400 00

Que considerada como intereses del capital invertido, esto es, de los $2298 03 cts. se obtendrá que éste gana más de un 60 p☮ anual.

Si se atiende pues á que una plantación de cacao tiene la duración de cuarenta, cincuenta ó más años, como que hay en el Departamento plantíos de tiempo inmemorial, no puede dudarse que con un pequeño desembolso puede hacerse en este lugar uno de los negocios más seguros, más halagadores y de positivos y pingües resultados.

TABACO

INFORME SOBRE EL CULTIVO Y COSTO DE UNA PLANTACIÓN DE TABACO EN EL DEPARTAMENTO DE SIMOJOVEL, POR EL SR. EDUARDO RABASA.

Siguiendo las costumbres que llevan los vecinos de este lugar acerca del ramo indicado, desde los meses de Enero y Febrero comienzan á hacer las rozaduras en los montes señalados al efecto, con esta anticipación de tiempo, en montes vírgenes, para que en los meses de Marzo y Abril, hallándose bastante secos, pueda arder con facilidad lo que le llaman brosa.

Preparado así el terreno, limitándose á una hectárea de tierra, que da diez mil metros cuadrados, se siembra de maíz que cabe sobre poco más ó menos un almud, lo que se verifica, si las aguas se anticipan, desde el veinticinco de Abril; y si se retardan, el cuatro de Mayo ó en todo el mes.

Cuando la milpa está en florescencia, que es en el mes de Julio, se riega la semilla de tabaco en toda la extensión del terreno, para lograr su brotación en todo el mes de Agosto, y en Septiembre se dobla la milpa, cuya operación violenta el crecimiento del tabaco.

En el mes de Octubre se siembra el frijol en el mismo terreno, del ocho al diez y ocho, á la distancia de metro y medio para que el crecimiento de esta planta no estorbe el del tabaco.

Como la semilla de tabaco así regada forma varios almácigos, en partes bastantes unidas las plantas y en otras separadas, dejando desocupados varios trechos, hay la necesidad de entresacarlas y plantarlas en los lugares desocupados, procurando que queden á la distancia de un metro.

Viene creciendo el tabaco y frijol á un mismo tiempo, mas se adelanta la maduración del frijol y se cosecha á fines de Enero ó á principios de Febrero, con lo que queda ya sola la planta del tabaco.

En seguida se hace la *pisca* y se arranca el cañizo, formando surcos ó montones en toda la extensión del terreno, según lo permita la planta del tabaco.

Cuando ésta demuestra ya la brotación de la flor se despunta, cuya operación hace violentar el hijuelo, el cual se le quita de ocho en ocho días fijando en esto la atención por ser el resultado el mayor desarrollo de la hoja y lograr más abundante cosecha.

Durante estas operaciones se forma el tendal ó tendales necesarios para desecar la planta.

Cuando la planta del tabaco está ya madura se corta y se pone sobre los surcos ó montones de cañizo, ó en el suelo, para esperar que la planta se amortigüe y se pueda levantar, sin quebrar las hojas. En seguida se levanta con alguna violencia para que no lo queme el sol, se conduce al tendal en brazos, se cuelga por el tronco en las varillas del tendal, guardando la distancia de un pie para alcanzar la ventilación, de otra suerte se sofoca ó calienta la hoja, se pone amarillenta y se desprende del tallo y se malea inutilizándose.

El tronco de la mata cortada, produce hijuelos á pocos días, y se quitan los que sobran de tres para hacer de los que quedan el segundo corte lo que llaman comunmente *congo*, advirtiéndose que se despunta y se deshijuela como la del primer corte.

Al mes poco más ó menos de colgada la planta, se desecan sus hojas; el tallo aun verde, se pone en prensa, lo cual consiste en colocar entre medio de dos cercas, cubiertas de hojas de plátano, las plantas con igualdad y correspondencia, llevando las puntas hacia adentro: hecha la estiva se cubre de hojas de plátano, sobre éstas se atraviesa palos y en seguida piedras que es lo que se llama prensa.

Se deja reposar por seis ú ocho días, si el tiempo es seco, mas si es lluvioso por tres días, se descarga, y comenzando á deshojar los tallos que se llama *despicar*, se separan las clases de manojo y marqueta, aquélla es la primera clase y la segunda inferior, formando marquetas de ambas clases, las cuales se hacen sembrando seis estacas de un pie de largo, tres por cada lado, según el ancho que se les quiera dar, tendiendo las hojas ordenadas, que cuando se ha llenado el tramo de las estacas se ciñen con los mecates que con anterioridad se han colocado, sacándolas en seguida y se comprimen con los brazos para que no quede voluminoso.

Como se ha determinado un terreno de cien metros por lado, que son diez mil cuadrados, se calcula producir, como término medio quince quintales y habiéndose obtenido la cosecha de maíz y frijol en el mismo terreno, aquel produce dos *jiquipiles*, que se compone cada uno de ellos de veinte *zontles*, y cada zontle de cuatrocientas mazorcas, resultando por cada jiquipil ocho fanegas con exclusión de la pequeña mazorca que le llaman *mulcate*; y de frijol tres fanegas.

Además de estas cosechas de maíz, frijol y tabaco, se hace la del chile y tomate que nace sin el trabajo especial del hombre, pues traída la semilla por la defecación de los pájaros resulta la producción, y como constantemente se conserva el terreno bien aseado, es susceptible de otras producciones culinarias, como ajos, cebollas, puerros y otras más que se omite enumerar y que de ninguna manera perjudican la plantación del tabaco estando á distancias regularizadas.

Como la cosecha de tabaco comienza á verificarse desde el mes de Marzo, y el último corte á principios de Junio, en este mes se prepara el mismo terreno para volver á hacer la siembra de maíz y demás plantaciones como el año anterior para la cosecha venidera.

Concluídos estos ligeros datos, se procede al cálculo de los gastos que se verifican de la manera siguiente:

Valor de la hectárea de terreno . . . .$ 2 00
  „ 10 jornaleros para roza . . . . „ 2 50
  „ 30   id.   para la tumba de árboles corpulentos . . . .„ 7 50
  „ 5 jornaleros para la siembra de maíz . . . . „ 1 25
  „ 20 jornaleros para la primera limpia . . . . „ 5 00
  „ de 3 jornaleros para la dobla del maíz . . . . „ 0 75
  „ 24 jornaleros para la segunda limpia . . . . „ 6 00
  „ 4 jornaleros para la siembra de un almud de frijol . . . . . .„ 1 00
Veinticinco centavos valor del maíz . . . . „ 0 25
Cincuenta   id.   valor del frijol . . . . „ 0 50
  „ 15 jornaleros para la pisca y hacino de maíz . . . . „ 3 75
Un peso valor de 8 libras semilla de tabaco . . . . „ 1 00
1 jornalero: riego de ésta sobre el terreno . . . .„ 0 25
20 jornalero para el transplante del tabaco . . . ., 5 00
26 jornaleros para la tercera limpia . . . .„ 6 50
10 jornaleros para el arranque y conducción del frijol en rama á
  la troje . . . . „ 2 50
8 jornaleros para majar (desgranar) el frijol . . . .; 2 00
20 jornaleros para la cuarta limpia : . . . . „; 5 00
25 jornaleros para la construcción de un tendal de 20 metros de
  largo por 8 de ancho . . . .„ 6 25

Al frente . . . .$ 59 00

Del frente.................$	59	00
20 jornaleros para el despunte y deshijuelo del tabaco.........,,	5	00
20 jornaleros para el corte del tabaco.....................,,	5	00
8 jornaleros para descolgar y poner en prensa el tabaco...... ,,	2	00
26 jornaleros para deshojar y formar marquetas.............,,	6	25
Suma ....$	77	25

PRODUCTOS.

Dos jiquipiles (1) de maíz de cuenta á $ 15 ....$	30	00
Mazorca pequeña, nombrada *mulcate*, una fanega ....,,	2	25
Tres fanegas frijol á 37½ cts. almud....................,,	13	50
Quince quintales tabaco á 8 pesos ... .,,	120	00
Suma..... ....$	165	75

COMPARACION.

Importan los gastos...................$	77	25
Producto de cosechas ....,,	165	75
Utilidades ....$	88	50

De la operación anterior se deja ver que comparando el gasto con los productos, resulta de utilidad una suma de consideración.

Además, el ahinco de este vecindario en seguir esta clase de labores es porque los agricultores pobres y laboriosos, trabajan personalmente y economizan los jornales, resultando así positiva utilidad.

Nótese que se ha señalado una pequeña área de tierra, que puede sostenerse con un hombre y con algún auxilio de cuándo en cuándo, según lo exijan las necesidades del trabajo como sucede en toda empresa.

Mas si los recursos del labrador dieren lugar para acomodar sirvientes, y los tiene aun para la exportación de su efecto para el extranjero, claras y notables son ya sus ganancias ó utilidades.

Además, como este suelo es bastante privilegiado por la naturaleza é inclinada la mayor parte del terreno hácia al Norte siendo el clima caliente, se cuenta con los dos poderosos elementos de la vegetación, el calor y la humedad, y por eso el pobre labrador hace en cierta escala la siembra de la caña de azúcar, el camote, la yuca, la cuesa, quequés. camote, jícama, plátanos guineos, tunas, piñas, naranjas, limas, mango, granada, po-

---

(1) Jiquipil son 8,000 mazorcas,

marrosa, jocote, grosella, varias clases de zapote y otras de legumbres alimenticias, que aunque no lo tienen como principal ramo de riqueza, suple en algún tanto sus necesidades, y sin más trabajo que colocar la semilla y conservarla aseada, pues no se necesita de ningún cultivo.

Como los terrenos de la jurisdicción municipal de Simojovel, son generalmente quebrados y de altas montañas, se goza de la temperatura, desde la más caliente en las cañadas de las montañas, hasta la más templada en la cumbre de ellas, y es admirable ver la fructificación del durazno al lado de la piña, el plátano y la caña.

CAÑA DE AZÚCAR

I

CULTIVO DE LA CAÑA DE AZÚCAR EN EL DEPARTAMENTO DE PICHUCALCO.

Si los terrenos de este Departamento son adecuados al cultivo del cacao, café, etc., merecen también mencionarse, cuando se trata de la caña de azúcar, no sólo por la facilidad para sembrarla, sino porque esa planta tiene en este clima una vida larga y compensa suficientemente los afanes del agricultor.

Para la siembra se prepara el terreno por medio de la roza, de manera que quede bastante limpio y se trazan á cordel líneas distantes unas de otras tres metros; esas líneas se cortan regularmente en longitud de cien metros, encerrando las suficientes para formar un rectángulo ó lo que los labradores llaman un tablón. En seguida, armado el operario de una macana, coloca en cada línea á distancia de dos decímetros y en cada hoyo de los que abra al golpe de aquel instrumento sobre la tierra, uno ó dos trozos de caña (mejor si es de la base) en posición un poco inclinada, formando ambas piezas un ángulo obtuso; con esa poca diligencia se da por concluída la siembra de la caña.

Aunque en este clima puede hacerse durante todo el año, son preferibles los meses de Junio á Enero, porque entónces siendo más abundantes las lluvias, la humedad facilita el desarrollo de la planta.

Sembrada ésta no necesita otros cuidados para ponerla en estado de explotación, que la limpia que se hace tres veces al año y la destrucción de los animales que la perjudican.

Se ha observado que los plantíos sembrados en lomas rinden más dulce que los de los terrenos bajos.

Las plantaciones son explotables al año siguiente de la siembra y duran comunmente de veinte á treinta años, teniendo sólo la precaución de mantenerlas limpias y de que al hacer la zafra se corte la caña á raíz.

Hagamos ahora el cálculo de los gastos que causa un ingenio al estilo del país, tomando por base el cultivo de 60 hectáreas que dará caña suficiente para el trabajo de un año:

Valor de 60 hectáreas de terreno de primera clase á precio de tarifa, con más el recargo de un 100 por 100 por gastos calculados en mensura y titulación..................$	198 00	
Idem de 450 jornaleros para el desmonte, á 50 cs.	225 00	
Idem de 500 jornaleros para la siembra....... ..	250 00	
Idem de 1,300 idem para las tres limpias del año y destrucción de animales dañinos.........	650 00	
Idem de un trapiche de fierro movido por fuerza animal...............................	400 00	
Idem de ocho mulas para trapiche, á $ 50......	400 00	
Idem de dos pailas de cobre.................	200 00	
Idem de un reverbero y demás obras de mano ...	150 00	
Muebles y enseres........................	150 00	
Valor de casas y fábricas para el establecimiento	1,000 00	3,623 00
Intereses al 6 por 100 en un año.......... ....$		217 38
Costo total...............		$ 3,840 38

Pongamos ahora en trabajo al ingenio para elaboración de azúcares.

Debemos, en primer lugar, hacer el cómputo de los días del año que se trabajen, los cuales, descontando los festivos y otros en que huelgan los jornaleros, podemos calcular en 300 días.

En cada día de trabajo habrá que hacer los siguientes gastos:

Nueve jornaleros para corte de caña.........$	4 50	
Cinco ídem para el cuidado del tren..........	2 50	
Nueve ídem para cortar maderas combustibles .	4 50	
$	11 50	

Al frente........		$ 3,840 38

Del frente...............	$ 3,840 38
Por consiguiente, en los 300 días de trabajo, sumarán estos gastos..................	4,450 00
Agreguemos la contribución fiscal sobre fincas rústicas que causa esa propiedad y supongamos sea......................................	200 00
	$ 8,490 38

Importarán pues los gastos calculados, ocho mil cuatrocientos noventa pesos, treinta y ocho centavos.

No incluímos los intereses del dinero invertido diariamente porque se reportan al mismo tiempo las utilidades.

Ocupándonos de éstas, calculamos que funcionando la fábrica con los elementos dados, rinde al día tres puntos ó peroladas de miel, que producen siete moldes de azúcar cada uno con el peso de $1\frac{1}{2}$ arrobas escasas.

De ellos se sacan tres azúcares de distinta calidad en esta proporción:

De 1ª clase...............	140	libras.
De 2ª ídem...............	56	„
De 3ª ídem...............	63	„
	259	libras.

Supongamos que la de 1ª clase se venda á 8 cs. libra; la de 2ª á 6 cs. y la de 3ª á 4 cs.; se alcanzarán los siguientes productos:

Importe de las 140 libras de 1ª........................$	11	20
Idem de las 56 libras de 2ª..............................	3	36
Idem de las 63 libras de 3ª..............................	2	52
	$ 17	08

Esto es, un producto diario de $ 17.08 cs. que en los 300 días de trabajo ascendieron á $ 5,124 00

Considerando ese producto como interés del capital invertido al 6 por 100 anual, resulta por último que se lucra en esa industria más de un 60 por 100.

Pero tiene otra forma que merece atención especial; nos referimos á las utilidades que produce la caña de azúcar en la elaboración de aguardiente.

Para ese cálculo necesitamos los siguientes factores:

Capital empleado en el establecimiento del ingenio, según lo ex-
presado antes..................................... $ 8,490 38
Valor de un alambique de pipa y media.................. 800 00
Sueldo de un alambiquero en un año............. .... 150 00
Idem de un auxiliar en un año......................... 150 00
Valor de combustible en un año, á razón de 50 cs diarios..... 150 00
Contribución sobre alambiques......................... 300 00
Intereses de ese capital al 6 por 100.................... 602 42

Costo total................$ 10,642 80

Destinados los tres puntos que se saquen al día á la destilación, pueden obtenerse 20 garrafones diarios de á 16 litros, que vendidos á $2 pro-
ducen $40.

Convengamos en que de los 300 días de trabajo se pierdan dos meses
por los accidentes de la empresa, reposición y compostura de aparatos,
etc.; en tal caso se trabajarán 240 días que producirán de utilidad líquida
$9,600, capital que estimado como intereses del invertido en la negocia-
ción, esto es, de los $10,642.80 cs. demuestra que gana éste más de un
80 por ciento.

Esta es la razón en nuestro concepto de que los propietarios prefie-
ran dedicarse á la destilación de aguardiente y no á la elaboración de azúcar, según hemos podido observar.

LA CAÑA DE AZÚCAR EN EL DEPARTAMENTO DE CHILÓN

El cultivo á que más se dedican los habitantes de Ocosingo, Chilón, Yajalón, Bachajón, Sibacá, Tenango, Guaquitepec y Citalá, todos correspondientes á este Departamento, es el de la caña de azúcar.

Se hace el desmonte en los meses de Febrero y Marzo; se quema y en seguida se siembra maíz y en el mes de Mayo y Junio la punta ó cogollo de caña, en medio de los surcos de maíz.

La siembra se hace de dos maneras: la más acostumbrada, á la macana y en cajoncitos, por medio de azadón, pocos empresarios.

La práctica ha demostrado que un plantío de doscientos surcos de cien brazadas de largo, produce en terreno seco ochocientas arrobas de azúcar, que vendidas en el mismo lugar á 1 peso 50 cs. (mínimum de once años á esta fecha), asciende á 1,200 pesos y en mieles que se emplean en fabricación de aguardiente, ciento sesenta cargas ó sean 240 pesos, á razón de 1 peso 50 cs. carga.

Los gastos de preparación del terreno, compra de punta ó cogollo, siembra, limpias, etc., etc., son:

En el desmonte, se emplean ochenta jornaleros, que devengan$	15 00
En seiscientos tercios de punta de caña................	75 00
En la siembra, cien jornaleros, que devengan............	18 75
En jornaleros para cuatro limpias en el primer año, empleándose en cada una de ellas doscientos............. ... ·	150 00
En ídem para tres limpias en el segundo año	112 50
En ídem para corte, alquiler de bestias, perol, en manutención, combustible y en el beneficio hasta en estado de venderse ó transportarse el azúcar.....................	735 00
Total...............$	1,106 25

Comparado el gasto de 1,106 pesos 25 cs., con el producto de 1,350 pesos, resultan de utilidad 243 pesos 75 cs., sin perjuicio de que en el primer año á la vez se aprovecha el producto del maiz.

Hecho el cómputo apuntado, resta completar este informe aumentando:

1º El valor de la hectárea de terreno de propiedad es de 3 pesos 50 cs., á 4 pesos.

2º La sementera de que se trata produce mejor en terreno seco en calidad y peso, pero en cambio dilata menos que en lugar húmedo.

3º La distancia de la siembra, dos varas de cada surco y de las matas entre si, cinco cuartas.

4º A los dos años está de primer corte la establecida en terreno seco y á los diez y ocho meses la en húmedo.

5º La siembra se hace en los meses de Mayo y Junio y el corte en Noviembre y Mayo.

HULE

(SIPHONIA ELÁSTICA)

El hule, que es un árbol propio del clima caliente y húmedo, se encuentra en los terrenos montañosos, especialmente en las vegas de los rios, como una producción natural de la tierra. Los propietarios suelen usarlo en vez del cocoite para la sombra del cacao y del café y, aunque la excesiva cantidad de hojas que se desprende del árbol pudiera creerse que perjudica los plantíos que cobija, se ha observado que no es así, habiéndose notado por agricultores inteligentes que en la época en que más sufrieron las plantaciones de cacao, como consecuencia de la plaga del chapulín, el hule reemplazaba ventajosamente á los otros árboles de sombra y que los que se mantenían al abrigo de él daban mejores cosechas.

El hule puede sembrarse á distancia de tres metros ó poco más, al sol; pues es un hecho comprobado que no necesita de sombra para su desarrollo; una vez sembrado, sólo se cuidará de hacer tres limpias al año para destruir las malezas que le perjudican.

Siendo un árbol propio de este clima (1) exige pocas precauciones para la siembra que puede hacerse por estacas, por medio de almácigas ó arrancando los que se encuentran en las montañas para trasladarlos á un lugar más adecuado.

Guiándonos por las observaciones hechas sobre la mejor época para siembra del cacao y café, entendemos que el hule puede transplantarse ventajosamente en Junio ó Noviembre.

El árbol, por lo regular, está en estado de explotación á los siete años y tiene una duración que puede calcularse en más de cincuenta.

---

(1) Departamento de Pichucalco.

Se extrae el jugo ó leche por medio de incisiones, cuidando de no tocar la parte leñosa; esas incisiones pueden hacerse en todo el cuerpo del
árbol sin llegar á las ramas. El tiempo más aparente es el de lluvias, prefiriendo los días en que la luna esté en creciente, porque entonces es mucho más abundante el líquido. Las incisiones que se hacen al árbol se cu-
ran sin necesidad de auxilio á los quince ó veinte días, lo que permite que
el árbol se encuentre otra vez dispuesto á una nueva extración á los cinco
ó seis meses.

Puede calcularse en seis libras el rendimiento de cada árbol; sin embargo, debe tenerse en cuenta que en la leche, según análisis del profe-
sor Faraday, hay sólo el 44 por ciento de hule y el resto se forma de substancias distintas que suponemos se evaporan al darse á aquél la consistencia con que se presenta el mercado.

Extraído el jugo se pasa por un tamiz para depurarlo y en seguida
se mezcla con agua de alumbre ó con el jugo de una hierba conocida aquí
con el nombre de *nacta* y que la hay en abundancia, con lo cual se obtendrá inmediatamente la pasta; ésta se coloca en un molde agujerado, aco-
modándole una tapa que la comprima fuertemente por medio de una palanca, de modo que separe toda el agua y substancias inútiles y con este
sencillo método se consigue poner el hule en estado de venderse; está pro-
bado que este procedimiento es superior al de secar el hule al sol.

Para apreciar las utilidades que puede dejar un plantío, calculemos
los gastos que causaría y los productos que daría uno de 10,000 árboles
sembrado en terreno montañoso, que para el caso tendría la extensión de
10 hectáreas.

Valor de 10 hectáreas de terreno de primera clase á precio de tarifa, con más los gastos de medición, estampillas, etc., para titularse . . . . $	33 00
Idem de 100 jornales para la roza, á 50 cs. jornal. . . . . ,,	50 00
Idem de 100 para tumbar la palotada. . . . . ,,	50 00
Idem de las semillas para la almáciga. . . . . ,,	5 00
Idem de 100 jornales para sembrarlas . . . . ,,	50 00
Idem de 60 para tres limpias en el año. . . . . ,,	30 00
Idem de 50 para arrancar los arbolillos . . . . ,,	25 00
Idem de 100 para arrancarlos y sembrarlos. . . . . ,,	50 00
Idem de 240 para las tres limpias del plantío en el año. . . . . ,,	120 00
Gastos del primer año. . . . . $	413 00
Valor de 240 jornales para las tres limpias del segundo año. ,,	120 00
Al frente. . . . . $	533 00

			Del frente........ $	533	00
Valor de 240 jornales para las limpias del tercer año........,,				120	00
,,	,,	,,	,, cuarto..........,,	120	00
,,	,,	,,	,, quinto..........,,	120	00
,,	,,	,,	,, sexto ....,,	120	00
,,	,,	,,	,, séptimo ....,,	120	00

Suma................................ .....,,	1,133	00
Intereses de las cantidades invertidas, calculados conforme á sus vencimientos...............................,,	244	66
Contribuciones fiscales sobre la propiedad............... ,,	100	00
Costo total.....................................$	1,477	66

Puestos en explotación los 10,000 árboles y suponiendo que el aprovechamiento sea una vez al año y que, como decíamos antes, produzca cada uno 6 libras de leche, 10,000 darán 60,000, que reducidas á 44 por 100 de hule rendirán una pasta de 26,400 libras, esto es, 264 quintales que vendidos á $30 que es el precio corriente en el lugar, produce un capital de $7,920. Convengamos que cada libra cause en su extracción y beneficio un gasto de 5 centavos; en tal caso las 26,400 costarán $1,320, que deducidos de los $7,920 calculados reducen las utilidades á $6,600.

Este último resultado, estimándolo como rédito de los $1477 66 cs. á 6 por 100, demuestra que el negocio da una ganancia de 446 por 180, lo cual parecería fabuloso á no descansar en datos tan precisos como los anteriores.

ACHIOTE

(BIXA ORELLANA)

Por vía de ensayo y para dar sombra al árbol de cacao han sembrado algunos agricultores plantíos muy reducidos de achiote, comprobando sus resultados, que ese ramo de la industria agrícola merece levantarse á la importante altura que reclama su lucro.

Se siembra primero en almácigas que se hacen á la sombra en terreno bien limpio. En estado de transplantar los arbolitos se arrancan al tirón y se colocan en hileras á distancia de tres metros en los agujeros que se abren al golpe de la macana; es preferible para esa operación la época de las lluvias.

El árbol de achiote en este clima está desarrollado y da fruto á los dos años

No necesita de más cuidado que de dos ó tres limpias al año; su duración con ese solo beneficio es de mucho tiempo, siendo de notar que aun cortándolo al pie crece y se hermosea para fructificar al siguiente año.

La recolección de sus frutos se hace en distintos tiempos, según la manera con que se utiliza el grano, pues si se destina desde luego á pasta se cortan en cuanto estén maduros antes de secarse, lo que sucede regularmente en Diciembre y si se quiere sólo aprovechar en grano, se espera que el fruto esté bien seco para cortarlo de Marzo á Julio.

Cada árbol puede producir hasta 8 libras de semillas.

Un hombre puede cortar cómodamente 2 quintales.

A un quintal de semillas se le calcula un rendimiento de seis libras en pasta.

Esta se hace lavando las semillas hasta dejarlas sin color y sometiendo en seguida el agua teñida con la tinta á la acción del fuego para obtener la substancia pastosa. También se han ensayado el ácido de naranja y el aguardiente que precipitan la tinta, bajo la influencia del sol.

Pueden calcularse los gastos de un plantío con los mismos datos que suministramos respecto del hule, teniendo en cuenta, como antes dijimos, que bastan dos años para poner al arbol en estado de explotación.

Las utilidades se apreciarán fácilmente con sólo saber que el achiote en semillas se vende á $8 quintal y que en algunos Estados, como el de Yucatán, se ha elevado ese precio hasta $22; una libra de achiote en pasta vale de 2 á 3 pesos en los mercados de la República.

Júzguese por lo expuesto las grandes ventajas que este precioso grano pudiera proporcionar al país, cultivándolo con diligencia.

AÑIL

(INDIGÓFERA TINCTOREA)

I.

SU CULTIVO Y ELABORACIÓN EN EL ESTADO DE CHIAPAS

En las hojas de diferentes especies de indigófera, de la familia de las Papilonáceas, es donde se encuentra en mayor cantidad el índigo ó añil.

El jiquilite, *(Indigófera Tinctorea)* que es el único género que se cultiva en Chiapas, adquiere un desarrollo de dos metros de altura, con tallo de coloración blanca ó rojiza obscura, según la naturaleza del terreno donde se le cultiva, midiendo un espesor de medio centímetro; de hojas pecioladas, alternas, ovales y cubiertas en la cara y dorso de una película rígida sumamente ténue *(aguate)* y de coloración verde amarilla.

El jiquilite, crece bien en terrenos donde predomina la arcilla mezclada con arena y donde hay de preferencia abonos minerales naturales con predilección en aquellos que contienen mayor cantidad de preparados de hierro, sulfato, óxido, etc. Prefiere el clima cálido hasta el templado.

Se procede á la preparación del terreno para la siembra del jiquilite, talando el bosque durante la estación de secas, desde el mes de Noviembre al de Marzo, siendo preferible ejecutar esta operación antes que los arbustos y maleza que crece bajo los árboles del bosque que se trata de derribar, haya tirado la hoja que adherida al tallo constituye más adelante por la desecación un elemento poderoso para la combustión, coadyuvando eficazmente á la completa incineración de los despojos vejetales.

Terminado el desmonte *(hachiada)* se deja secar por espacio de sesenta á noventa días según la espesura del bosque; después de cuyo término se le aplica fuego por toda la circunferencia a fin de que la combustión sea uniforme y no se arrebate por las grandes corrientes de aire que el enrarecimiento atmosférico produce, siendo preferible para esto, escojer un día en que el sol sea más ardiente, no sople viento alguno, prefiriendo las horas marcadas dentro diez a. m. á dos p. m. Del éxito obtenido en la quema, depende en gran parte la economía ó gasto que haya de hacerse más adelante, durante la siembra y limpia del jiquilite.

Una vez concluída esta operación, queda el terreno enriquecido de sales de potasa, sosa y cal etc., (abonos minerales) y una gran cantidad de materias azoadas subterráneas que el fuego no pudo destruir.

En las primeras lluvias del mes de Junio, se deposita la semilla de jiquilite en surcos ó hileras paralelas, á distancia de cincuenta centímetros, por treinta de mata á mata, por uno de profundidad; para lo cual uno ó más jornaleros provistos de punzones de acero, cavan lijeramente el terreno, marcando el agujero en que debe ser depositada; otros operarios siguen á los primeros depositando la semilla; pudiendo estos últimos ser reemplazados con ventaja, por niños, en quienes la flexibilidad de las articulaciones, permite la progresión rápida é inclinada hacia delante y abajo, á fin de que la simiente al ser arrojada ocupe el lugar que se le destina sin esparcirse. La cantidad de semilla empleada para cada agujero, es la que se puede tomar con los dedos pulgar é índice. Ocho días después comienza á germinar la semilla, elevando ligeramente la tierra la cual se hiende y permite la aparición de las dos primeras hojas del vegetal; tan luego como éste se hace visible á golpe de vista, se procede á intercalar dentro de las hileras de jiquilite la siembra de maíz á la distancia de ciento cincuenta centímetros por sesenta de punto. A los veinte días se procede á la limpia por medio de la coa, teniendo cuidado de separar toda vegetación extraña al jiquilite y maíz, sin herir los tiernos tallos que por su estructura son sumamente delicados. Si la exhuberancia del terreno es grande se acostumbra dar dos limpias, en la generalidad de los casos basta una estando bien quemado el terreno. En este estado continúa creciendo el jiquilite, hasta el mes de Septiembre, época en que comienza la florescencia, anunciándose por el adelgazamiento de sus extremidades superiores, *guías* seguidas de botones que á los diez ó quince días se abren, presentando la flor una corola de pétalos color morado y de aroma agradable; quince ó veinte días más tarde, la flor se seca, cae y aparece el caliz convertido en una prolongación en forma de vaina ó envoltura en la que sigue evolucionando la semilla hasta su completo desarrollo. Cuando ha semillado, las hojas marchitas se desprenden, dejando el tallo desnudo y conservando muy pocas en su cúspide; permaneciendo en este estado durante el período de secas. En el mes de Abril del siguiente año, época en que aparece la primavera, se poda, tirando por medio del machete, todo el tallo viejo, á la distancia de veinte centímetros del suelo. Cuando las primeras lluvias han caído, y muchas veces sin ellas, según la naturaleza higrométrica del terreno, aparecen retoños ó renuevos que ramifican en diversos sentidos, creciendo con celeridad asombrosa á medida que las lluvias son más frecuentes. En este segundo año, no se intercala maíz, por no permitirlo el desarrollo que toma al ramificarse.

Hacia el mes de Septiembre vuelve á presentarse con los mismos caracteres que el año anterior, y en el momento eu que inicia la florescencia, es oportuna la siega ó corte, para extraer el principio colorante, por desgracia tan fugaz, cuando se trata de extraerlo en épocas posteriores.

El procedimiento que demanda la elaboración del índigo, es objeto de un capítulo por separado, que trataré de describir lo mejor que me sea posible y tal cual se usa dentro de nosotros, que si tiene mucho de imperfecto, no por esto deja de conducir á resultados prácticos muy favorables.

II.

OBRAJES.

Llámase obrajes á unos depósitos rectangulares, construídos de mampostería que miden cuatro metros por lado, por uno de profundidad, con muros de sesenta centímetros de espesor, y el piso lijeramente inclinado. Un obraje ó *mancuerna de pilas*, está compuesto de dos recipientes de la misma capacidad y contiguo el uno al otro, con diferencia de niveles, estando el piso del primero á un metro de altura sobre el piso del segundo es decir, escalonados. El primer recipiente, se llama pila *cargadora* y el segundo *batidora*; el primero está provisto de cuatro postes (cepos) enclavados fuertemente en el piso á distancia de sesenta centímetros de la pared, con altura de un metro, con ancho de dieciseis centímetros por ocho de grueso, perforado por agujeros circulares en número de 3 ó 4, perpendiculares al poste. El mismo depósito, y en la pared que le sirve de división con el segundo está provisto de un agujero de salida al nivel del fondo.

El segundo depósito, pila *batidora*, carece de postes, y sí está perforada una pared por tres agujeros de ocho centímetros cada uno, en línea recta de arriba á abajo, que sirve para colocar tapones ó espitas, que más tarde dejan escapar el líquido ya decantado que ha servido para macerar el jiquilite, abriendo de arriba abajo cada tapón paulatinamente. Sobre el borde de esta pared, se encuentran colocados dos pilares, uno al lado opuesto del otro que sirven para sostener una viga donde se sujetan por medio de cuerdas los remos que siven para el batido del líquido.

III.

CORTE Y ELABORACIÓN.

El corte ó siega del jiquilite, se lleva á cabo por medio de la hoz para lo cual el obrero, va cortando y aglomerando en montones los tallos de jiquilite hasta formar un haz, del peso aproximado de 35 kilógramos, que ata con las ramas de un arbusto flexible, de antemano cortado para tal objeto. Cada hombre ó *cortador*, siega por tarea, de 48 á 56 haces, ó sean doce á catorce cargas, compuesta cada una de cuatro haces. Estos se hacen conducir al obraje, por carros de dos ruedas, tirados por bueyes, que transportan hasta una tonelada.

Cuando el jiquilite se encuentra al borde del obraje ya dispuesto de la manera indicada, se procede á colocar los haces en el primer depósito, para lo cual un obrero vá colocándolos en hileras y por capas superpuestas, hasta llenar el depósito; una vez lleno, se sujetan los haces por medio de varas longitudinales, que se fijan por dos planchas transversales, provistas de muescas que encajan en los postes ó cepos de que he hablado anteriormente, quedando así el jiquilite prensado, con lo cual se evita que por su menor peso específico, flote en el agua que ha de servir para macerarlo.

Dispuesto de la manera indicada, se hace llegar al depósito el agua, por medio de caños de mampostería que la conducen del riachuelo ó manantial de donde se toma, procurando que sea ésta muy limpia.

Maceración.—En este momento comienza la maceración, fenómeno el más importante, si se toma en cuenta que de él depende la cantidad y calidad del índigo que se trata de extraer.

A las tres ó cuatro horas comienza á desarrollarse en el fondo del líquido una temperatura caliente que á medida que avanza la maceración, va haciéndose más intensa hasta llegar á 37° centígrados y ascendiendo á la superficie. La maceración dura de catorce á diez y ocho horas y su mayor ó menor aceleración, depende en gran parte de la temperatura á que entró el agua á la pila, siendo más veloz y uniforme á medida que ésta es mas caliente. Cuando la maceración ha terminado, es el momento oportuno de separar el agua del jiquilite, abriendo la compuerta de la pila á fin de que ésta afluya al tanque inmediato, en que ha de sujetarse á ulteriores procedimientos.

Dar punto á la pila, es decir: determinar cuando se haya concluído la maceración, es la operación más difícil y capaz de confundir al más experto, y siendo la esencial de todas puesto que de ella depende la mayor ó menor cantidad y calidad de índigo, procuraré fijar los caracteres que presenta el líquido cuando ésta ha terminado; sin que jamás por esto llegue á creerse que tales caracteres, constituyen reglas fijas uniformes é invariables, puesto que varían hasta lo infinito, como varían las causas que influyen en el desarrollo del vegetal, desde la naturaleza del terreno hasta las influencias atmosféricas que imprimen un carácter particular á cada detalle, á cada operación. Una atenta y metódica observación diaria, comparada con la producción y calidad de índigo del día anterior, constituye la regla general y mejor por la que debe rejirse cada año el agricultor.

Estímanse como indicios de una buena maceración, la coloracion del agua que toma un tinte verde amarillo y que á medida que se acentúa más el verde en la superficie de la pila, el color amarillo desciende: aparece en la superficie una espuma ténue, blanca que paulatinamente se torna en densa coloreándose de azul que llega hasta el tornasol, al mismo tiempo nótase el desprendimiento de burbujas de gas en todos sentidos formadas por el ácido carbónico; poco á poco cesa el desprendimiento de las burbujas, el agua se vuelve menos espesa y se cubre de una tela cobriza, acentúase el verde, hasta el verde de París y la coloración amarilla ocupa por completo el fondo. En este momento ha terminado la maceración y es prudente separar el líquido abriendo la espita del depósito para pasar á la pila batidora. Si se pretende prolongar la maceración una ó dos horas más, bastará para hacer que se presente el desprendimiento de amoníaco en gran cantidad y en seguida la fermentación acética, dando escasa y mala cantidad de índigo. Terminada la maceración, el líquido ha pasado al segundo depósito para el batido.

Batido.—Dos ó tres operarios provistos de remos de madera y parados en el borde de la pila, agitan golpeando el agua con fuerza y de una manera acompasada. A medida que el líquido entra en movimiento, el oxígeno del aire puesto en contacto con el índigo contenido en el agua, lo va coloreando de verde azul claro hasta el obscuro, al mismo tiempo levanta una gran cantidad de espuma que á medida que se bate desaparece por completo. Termina el batido cuando el líquido toma una coloración con tendencia al negro, que tomado un poco de líquido y observando en un vaso, por el reposo se separa el índigo del agua precipitándose al fondo. En este estado se le pone cuajo que no es otra cosa que albúmina vejetal disuelta en agua, por ejemplo, unas hojas de nopal machacadas se tratan por el agua simple, este deja en solución la albúmina que contiene, y esta agua albuminosa es la que se agrega á la pila, una vez terminado el batido; el objeto de esto es, que violente la precipitación del índigo, aprisionando en sus mallas el índigo flotante é inestable. Dos horas más tarde, después de haberse efectuado la decantación, se abre la espita superior dejando escapar el líquido que ya sin índigo adquiere un color de vino jerez, así se continúa abriendo las otras espitas, hasta llegar al fondo donde se encuentra el índigo precipitado, de un hermoso color azul. Se toma el precipitado y se deposita en unos lienzos de manta de un metro cuadrado, que de antemano están sujetos en unos bastidores *ad hoc* de madera con el objeto que el poco líquido mezclado con el índigo se aisle por filtración lenta; una vez que el índigo ha tomado consistencia de pasta blanda, es transportado á cajas de madera forradas con lienzos de manta, donde quedan sometidas á la acción de una poderosa prensa, provista de largos y fuertes brazos de palanca; allí permanece veinticuatro horas, después de cuyo tiempo se saca la pasta ya consolidada, dividiéndola en pequeños pedazos, que varían en peso desde sesenta á ciento veinte gramos cada uno, en este estado se expone á la desecación al aire libre ya sea á la acción directa del sol, ó á la sombra: los dos métodos son buenos; en el primer caso, es más violenta, pero por la evaporación rápida que provoca el sol, se hiende en pedazos más chicos y pierde su forma; en el segundo, es más tardía la desecación pues ocupa hasta sesenta días, creciendo en la superficie del pan un hongo producido por la humedad, que más tarde es necesario quitarlo por medio del cepillo, en este caso no se fractura ni pierde su forma primitiva.

IV.

PROPIEDADES DEL AÑIL:

El añil que producen estas fincas y se ofrece al comercio, es de un color azul obscuro, de fractura terrosa mate, y cuando se le frota con la uña deja una raya roja purpurina muy brillante.

Encierra en su composición, muchos elementos minerales, substancias glutinosas, *el pardo de añil, el rojo de añil* y el principio activo propiamente dicho, la *indigotina*, de donde depende la riqueza y el valor del índigo, conteniendo el añil un cuarenta á cincuenta por ciento de indigotina, al término medio.

V. Tantin, en 1877 ensayó diferentes clases de índigo del comercio, y en ellos encontró las cantidades siguientes de indigotina:

Bengala................. 51'48 á 71'40 %.
Java...................... 64'08 á 67'05 „
Guatemala (1)............ 00'00 á 65'62 „
Nicaragua................ 53'17 á 64'34 „

---

(1) Guatemala, no cultiva el añil y, generalmente, el añil producido por el Estado de Chiapas, México, es el conocido en Europa por añil de Guatemala. Así es que en el análisis hecho por V. Tantin, nuestro añil es el que contiene 65'62 de indigotina por ciento.

V.

PRUEBA DEL AÑIL.

El comercio de Chiapas al hacer compras de añil, no se preocupa en manera alguna de la bondad ó pureza del índigo, le basta generalmente conocer el color y siendo este azul obscuro vivo, le tiene como bueno, aunque en sí vaya adulterado conteniendo impurezas que lo hacen más pesado.

Con motivo del elevado precio de cuarenta pesos arroba que el añil hace dos años viene alcanzando en las bodegas de las fincas, ha despertado en varios agricultores el deseo de lucro, mas como los malos años por excesiva escasez de lluvias no han correspondido á que el jiquilite prospere bien, las cosechas han tenido que rendir productos exiguos, que no corresponden á la cantidad de trabajo empleado, con tal motivo, no ha tardado la *inventiva* de algunos agricultores (según noticias privadas que con la debida reserva se me han comunicado) en adulterar el añil, añadiendo fécula de patatas, (almidón) yeso en polvo, harina, etc., etc., que lo harán más pesado. Por fortuna adulteraciones *burdas*, que muy pronto dejan al descubierto el fraude.

La bondad y pureza del añil, se conoce en su color azul vivo, en su limpieza de fractura y ligereza, flota en el agua y se disuelve por completo en este líquido, sin dejar sedimento ó depósito terroso alguno. Se disuelve por completo, en el ácido sulfúrico humeante dando un líquido azul obscuro. Si está adulterado con el almidón, tratado por el agua á 100° C., se disuelve el índigo formando sedimento glutinoso (engrudo). Si por la harina, yeso ó lodo etc., al ser tratado por el agua, estas materias más pesadas se precipitan dejando un sedimento por decantación.

ESTADÍSTICA

RESUMEN

DEL

CENSO GENERAL DEL ESTADO SEGÚN EL EMPADRONAMIENTO PRACTICADO EN JULIO DE 1892

DEPARTAMENTOS	Número total de habitantes	SEXOS		RAZAS		Proporción de ladinos por ciento	INDÍGENAS	
		Hombres	Mujeres	Ladinos	Indígenas		Que hablan castellano	Que no hablan castellano
1 Las Casas..	50915	23030	27885	11555	39360	22, 69	1249	38111
2 Comitán....	45373	21280	24093	12716	32657	28, 00	12340	20317
3 Chilón.....	27790	13608	14182	8277	19514	29, 78	337	16320
4 Tuxtla.....	23338	11717	11621	14565	8773	62, 40	6365	2408
5 Pichucalco..	21391	10340	11057	18089	3302	84, 56	2504	798
6 Soconusco..	20928	10447	10481	13056	7872	62, 38	6293	1579
7 Chiapa.....	20101	9858	10243	12685	7416	63, 00	4139	3277
8 Simojovel..	20020	9421	10599	5375	14645	26, 84	906	13739
9 La Libertad.	14029	6771	7258	7109	6920	50, 67	1690	5230
10 Palenke....	13825	6575	7250	3376	10449	24, 42	1455	8994
11 Tonalá.....	10032	5368	4664	10032	---	100, 00	---	---
12 Mezcalapa..	9047	3997	5050	885	8162	9, 78	308	7854
	276789	132412	144377	117723	159066	42, 56	37586	121480

Geografía 15.

PROPIEDAD TERRITORIAL EN EL ESTADO EN 1892

Departamentos	Hectáreas	Metros c.
1 Comitán................	506702	8828
2 Tuxtla................	296714	4124
3 La Libertad............	238094	2539
4 Chiapa................	226103	5606
5 Tonalá................	200413	451
6 Pichucalco............	159945	7490
7 Soconusco..............	136377	7074
8 Chilón................	106900	1250
9 Las Casas.............	101792	5983
10 Simojovel.............	98075	8828
11 Palenke...	90348	5034
12 Mezcalapa.............	29754	8612
	2,191.223	5819

VALOR DE LA PROPIEDAD RÚSTICA DEL ESTADO, SEGÚN EL CATASTRO DE 1892.

Departamentos	Valores
1 Pichucalco.............................	$ 3.639,816 59
2 Soconusco.............................	„ 3.503,301 69
3 Comitán...............................	„ 3.019,715 30
4 Tuxtla.......	„ 1.573,321 14
5 La Libertad............................	„ 1.262,188 66
6 Chiapas...............................	„ 1.202,184 70
7 Chilón................................	„ 775,860 78
8 Tonalá................................	„ 648,303 „
9 Simojovel.............................	„ 489,662 „
10 Palenke...............................	„ 341,215 „
11 Las Casas.............................	„ 352,039 „
12 Mezcalapa.............................	„ 241,722 „
Total........	$ 17.049,329 86

Por estas cantidades pagan las haciendas del Estado el impuesto sobre fincas rústicas; pero estando exceptuados de contribución los edificios, maquinarias é instrumentos y aparatos de labranza correspondientes á dichas fincas, el valor real de éstas es mucho mayor que el que tienen en este cuadro.

INGRESOS

AL

TESORO DEL ESTADO

EN EL AÑO DE 1893

Impuesto de Capitación...................	88888	76
Id. para fomento de Instrucción pública......	54090	50
Id. sobre fincas rústicas....................	101187	21
Id. sobre giros mercantiles...............	19308	40
Id. sobre venta de ganado al tajo..........	16152	54
Id. á la destilación de aguardiente.........	10239	79
Id. sobre alcoholes desde el 1º de Julio de 1893	21500	38
Impuesto sobre industrias de transporte.....	6384	47
10% sobre impuesto municipal de fincas Urbanas.......	545	47
20% sobre el producto de ventas de ejidos....	610	78
Contingente Municipal para instrucción pública.........	3047	85
Arrendamientos de fincas del Estado........	117	33
Derechos por títulos profesionales..........	96	"
Derechos por legalización de firmas........	142	"
Ingresos extraordinarios..................	255	88
Multas.........................	3561	41
Productos de imprenta	553	30
Productos del Periódico Oficial.....:........	433	46
Producto de telégrafos y teléfonos..........	1480	36
Impuesto sobre herencias y donaciones......	6568	81
Recargo á contribuyentes morosos..........	1533	94
Rezago de impuestos no cobrados en años anteriores........................ ..	8202	38
Reintegros por años anteriores.............	64	08
Producto de la venta de terrenos baldíos.....	6172	87
Producto de la venta de terrenos mostrencos	127	04
Por ingresos accidentales	37236	28
Total para el Estado..........	$ 388501	39
Contribución federal.....................	46565	34
Suma total........	$ 435066	73

EXPORTACIÓN POR EL PUERTO DE TONALÁ

DESDE EL

1º DE JULIO DE 1893 AL 30 DE ABRIL DE 1894

Artículos	Cantidades	Valores
Añil.................	20.032 kilos	$ 44,724 00
Café	29,376 ,,	16,235 00
Cigarros y puros.........	2353 ,,	842 00
Cueros de res.....	4224 ,,	863 00
Hule...............	10,416 ,,	9813 00
Plata acuñada.............	$111500 (*)	100,356 00
Pieles de venado.........	9021 kilos	3118 00
Quesos.................	150 ,,	112 00
Varios.................		101 00
	Suma total......	$ 176,164 00

(*) Moneda Centro y Sud-Americana.

PLANTACIONES DE CAFÉ Y CACAO EN 1893.

DEPARTAMENTOS.	CAFETOS.		CACAO.	
	En producción	Recien plantados.	En producción.	Recien plantados.
Soconusco............	783,200	1.199,400	15,070	2,900
Tuxtla..............	149,000	508,000		
Simojovel...........	50,956	40,600		
Chilón..............	50,000	75,000		
Palenke.............	25,000	200,000		
Comitán.............	23,000	140,000		
Mexcalapa...........	138,600	438,000	63,800	40,800
Pichucalco..........	50,000	25,000	2.000,000	555,000
Totales.........	1.269,756	2.626000	2.078,870	593,700

NOTA.—De 1893 á la fecha han aumentado considerablemente los plantíos de café en todo el Estado, de suerte que pueden calcularse actualmente más de 5.000,000 de cafetos.

GANADO VACUNO Y YEGÜERIZO

EXISTENTE

EN LAS HACIENDAS DEL ESTADO EN 1893

Departamentos	Ganado Vacuno	Ganado Yegüerizo
Comitán	105000	30000
Tuxtla................	50000	8000
Chiapa...................	35000	5000
Tonalá...................	25000	500
La Libertad...............	24600	3789
Soconusco................	21200	1050
Palenke................	8000	2000
Simojovel................	4840	333
Mezcalapa................	3700	400
Chilón...................	25000	3800
Las Casas................	5000	—
Pichucalco.....	14000	—
	321,840	54872

TEMPERATURAS MEDIAS

DE

VARIOS LUGARES DEL ESTADO

DETERMINADAS EN GRADOS DEL TERMÓMETRO CENTECIMAL

Departamentos	LUGARES	Categorías	Temperaturas	
Pichucalco.	Pichucalco......	Villa.	28	0
”	Ixtacomitán.............	”	27	8
”	Solosuchiapa........... .	Pueblo	27	8
”	Ixhuatán................	”	26	0
”	Tapilula................	”	24	3
”	S. Bartolomé Solistahuacán.	”	21	2
”	Pantepec................	”	20	3
”	Zacualpa................	Hacienda.	26	9
”	Chavarría	”	25	4
”	Cochocoxmó	Rancho.	21	6
”	Río Negro............. ..	Cumbre.	26	7
”	Zopó	”	27	0
”	Cacaté.................	”	25	5
”	Ztuztiaquioxmó..........	”	19	0
”	Chichonal	”	21	8
”	Niebla..................	”	19	3
”	La Peña................	Ribera.	27	0
Comitán.	Comitán................	Ciudad.	19	8
”	Amatenango de la frontera.	Pueblo.	22	5
”	S. Francisco Motozintla....	”	20	3
”	S. Gregorio..	Hacienda.	25	0
”	Tepancuápan............	”	19	0
”	Sacchaná.............	”	19	8
”	S. Lúcas	”	22	6
”	Tres Cruces............	”	23	2
”	La Nueva	”	23	6
”	Cuxhú	Ranchería.	23	8
”	Tixcún................	”	16	7
Soconusco.	Soconusco	Llanuras.	28	5
”	Tapachula	Ciudad.	27	3
”	Cacahuatán.............	Pueblo.	26	0
”	Huehuetán.............	”	28	0

Departamentos	LUGARES	Categorías	Temperaturas	
Soconusco.	Unión Juárez............	Pueblo.	21	8
,,	Jitotol	,,	26	0
,,	Niquivil	Ranchería.	17	4
Tonalá.	Tonalá	Llanuras.	28	5
,,	Tonalá	Ciudad.	28	2
,,	Calera..................	Hacienda.	28	2
,,	Rosario	,,	28	4
,,	San Joaquín............	Rancho.	27	8
,,	Camas	,,	27	5
,,	Dolores.................	,,	27	5
Tuxtla.	Tuxtla Gutiérrez.........	Ciudad.	25	2
,,	Ocozocuautla............	Pueblo.	23	7
,,	Jiquipilas...............	,,	25	4
,,	Quechulac	,,	26	7
,,	Santa Lucía.............	Hacienda.	25	5
,,	Catarina...............	,,	25	2
,,	Buenavista..............	,,	25	2
,,	Pictutal................	,,	23	8
,,	Santo Tomás............	,,	25	0
,,	La Venta............ ...	,,	24	9
,,	San Vicente............	,,	24	0
,,	San José de las Flores	,,	25	0
,,	Petapa.................	,,	23	8
,,	Llano Grande	,,	24	0
,,	San Miguel	,,	23	9
,,	San Fernando	,,	23	5
,,	Zapote	,,	25	0
,,	Juárez	Rancho.	23	9
,,	Las Moradas	,,	24	2
,,	Chocohuite	,,	25	0
,,	Ocozocuautla............	Ciénega.	24	0
,,	Santo Tomás...........	Garganta.	23	9
,,	San Fernando	,,	22	8
,,	Tanto Domingo ó Tablón...	Garganta.	23	9
,,	Copoya.................	Meseta.	23	7
,,	Llano Bonito	Paraje.	23	7
,,	Río de la Venta	Paso Zoyatengo.	25	7
Chiapa.	Chiapa de Corzo..... ...	Ciudad.	26	0
,,	Acala.................	Villa.	25	9
,,	Chiapillla.............	Pueblo.	25	7
,,	Ixtapa	,,	22	4
,,	Chicoasén.............	,,	26	4
,,	Burrero.	Hacienda.	21	0
,,	Nandamujú	,,	24	9

Departamentos	LUGARES	Categorías	Temperaturas	
Chiapa.	Matenic................	Hacienda.	24	7
„	Nandaburé...............	„	25	0
„	Nucatilé.................	„	25	2
„	Comunidad..............	„	25	7
„	Nandachuquí............	„	25	7
„	Valle de los Corzo........	„	24	4
„	Hibés..................	„	21	2
„	San Isidro..............	„	18	6
„	Jobo...................	..	23	9
„	Cuesta de Chiapa.........	Cumbre.	22	3
„	Cuesta de Chiapa.........	Base.	24	9
„	Río Hondo..............	Paso.	21	7
„	Escopetazo..............	Paraje.	22	7
„	Roblar ó Titcal...........	„	23	9
„	Ixtapa.................	Llanuras.	21	3
S. Cristóbal.	S. Cristóbal Las-Casas......	Ciudad.	16	8
„	Teopisca................	Villa.	17	7
„	Zinacantán..............	Pueblo.	16	7
„	S. Felipe Ecatepec........	„	16	3
„	Bochil.................	Hacienda.	21	5
„	Lagunita...............	„	17	2
„	Ballinas................	Rancho.	16	5
„	Río Próspero............	Paso.	20	3
„	La Ventana.............	Garganta.	15	7
„	La Manzanilla...........	Cumbre.	17	0
„	Tierra Colorada..........	Terraplén.	20	2
La Libertad.	S. Bartolomé de los Llanos.	Ciudad.	25	6

Geografía 16.

ALTURA
SOBRE EL NIVEL DEL MAR
DE
VARIOS PUNTOS DEL ESTADO

Tonalá ciudad..........................	40	metros
Ixtacomitán...........................	132	"
Tapachula.............................	217	"
Hda. Catarina (Dep. Tuxtla)...........	614	"
Tuxtla Gutiérrez......................	586	"
Tecpatán..............................	349	"
Petapa (rancho)	838	"
Ocosocuautla	860	"
Copoya...............................	865	"
Ocuilapa.............................	1100	"
Istapa	1104	"
El Calvario (rancho Dep. de Chiapa).....	1197	"
Pantepec.............................	1480	"
San Bartolomé Solistahuacán...........	1320	"
Comitán..............................	1507	"
San Cristóbal Las Casas...............	2104	"
Zinacantán...........................	2120	"
Cerro de Huieitepec...................	2704	"

MEDIDAS AGRARIAS

Ara: es un cuadrado que tiene diez metros por lado, ó sean 100 metros cuadrados.

Centiara: es un cuadrado que tiene un metro por lado, ó sea un metro cuadrado.

Hectara: es un cuadrado que tiene 100 metros por lado, ó sean 10,000 metros cuadrados.

Sitio de ganado mayor: es un cuadrado que tiene cinco mil varas por lado, ó sean veinticinco millones de varas cuadradas.

Caballeria: es un paralelógramo que tiene 1104 varas de largo por 552 varas de ancho.

Acre inglés: tiene 4840 yardas cuadradas, equivalentes á 4046 metros cuadrados y 71 centésimos.

RESUMEN

1 Centiara. - 1 metro cuadrado.

1 Ara. =100 metros cuadrados. =100 centiaras

1 Hectara. 10,000 metros cuadrados. = 100 aras.

1 Sitio de ganado mayor. =41 caballerias. =1755 hectaras y 61 aras.

1 Caballeria. -42 hectaras, 79 aras y 53 centiaras.

1 Acre inglés. =40 aras y 46 centiaras.

1 Hectara. =2, 47 acres.

MEDIDAS DE LONGITUD

La legua mexicana tiene 5000 varas que equivalen á: 4190 m 89 cent. ó á: 4582 yardas.

ITINERARIOS

· ITINERARIO GENERAL DEL ESTADO

Distancias en kilómetros. de las poblaciones á las cabeceras departamentales respectivas, y de éstas entre sí.

POBLACIONES	Comitán	Copainalá	Chiapa	Ocosingo	Pichucalco	Salto de Agua	San Cristóbal	S. Bartolomé	Simojovel	Tapachula	Tonalá	Tuxtla Gutz.
1 Acacoyagua										112		
2 Acapetagua										80		
3 Acala			44									
4 Aguacatenango								32				
5 Amatán									56			
6 Amatenango							36					
7 Amatenango	140											
8 Arista											24	
9 Asunción Huitiupan									8			
10 Bachajón				24								
11 Cacaoatán										24		
12 Cancúc				40								
13 Catazajá						75						
14 Cibacá				4								
15 Cintalapa												76
16 Citalá				40								
17 Coapilla		12	104									
18 Comalapa	88											
19 Comitán			140	96	248	236	92	52	168	296	296	150
20 Concordia,								40				
21 Copainalá	212		72	228	104	336	132	136	168	536	236	80
22 Copoya												6
23 Chanal							24					
24 Chamula							12					
25 Chapultenango					32							
26 Chiapa	140	72	156	180	264		60	64	96	420	168	12
27 Chiapilla				56								
28 Chicoasén		32										
29 Chicomuselo	70											
30 Chilón				40								
31 Escuintla										100		
32 Guaquitepeque				24								
33 Hidalgo						80						
34 Huehuetán										32		
35 Huistán							24					
36 Huistla										56		

POBLACIONES	Comitán	Copainalá	Chiapa	Ocosingo	Pichucalco	Salto de Agua	San Cristóbal	S. Bartolomé	Simojovel	Tapachula	Tonalá	Tuxtla Gutz.
	Nombres de las Cabeceras de los Departamentos											
37 Independencia	12											
38 Ishuatán		64			52							
39 Istacomitán					12							
40 Ietapa			28									
41 Istapangajoya					24							
42 Jiquipilas												64
43 Jitotol									32			
44 Juárez					28							
45 La Libertad												
46 Magdalenas		64										
47 Mapastepec											160	
48 Margaritas	20											
49 Mazapa	156											
50 Mazatán										24		
51 Metapa										16		
52 Moyos									56			
53 Nicapa					40							
54 Nuevo Cintalá												
55 Ocosucoautla												32
56 Ocosingo	96		150		220		96	124	88	392	320	168
57 Ocotepec		36			68							
58 Ostuacán					60							
59 Osumacinta				24								
60 Oxchuc												
61 Palenke												
62 Petalcingo												
63 Pantepec			28		96							
64 Pichucalco	248		180	220			180	244	132	600	396	192
65 Pijijiapan											88	
66 Pinola	36											
67 Plátanos									32			
68 Porvenir												
69 Pueblo Nuevo										76		
70 Pueblo Nuevo. Solistahucan									32			
71 * Quechula		40										
72 Reforma Santuario					72							
73 Sabanilla									40			
74 Salto de Agua	236	336	264	140	384		204	264		532	432	276
75 San Andrés							24					
76 San Antonio la Grandeza												
77 San Carlos				28								
78 San Cristóbal	92		60		96	180	204	64	80	48	232	72
79 San Bartolomé de los Llanos	52		64	128	244		64		144	320	232	76
70 San Bartolomé Solistahuacán			32		72							
81 San Diego La Reforma												

POBLACIONES	Nombres de las Cabeceras de los Departamentos											
	COMITÁN	COPAINALÁ	CHIAPA	OCOSINGO	PICHUCALCO	SALTO DE AGUA	SAN CRISTÓBAL	S. BARTOLOMÉ	SIMOJOVEL	TAPACHULA	TONALÁ	TUXTLA GUTZ
82 S. Felipe Ecatepec..							2					
83 San Felipe Tizapa..										84		
84 San Fernando......												20
85 San Francisco Motozintla........	164											
86 San Gabriel........			16									
87 San Isidro Siltepec.	112											
88 San Juan.........									16			
89 San Lucas........							24					
90 San Martín.......				24								
91 S. Miguel Mitontic..							24					
92 Santiago.........							40					
93 San Pablo........									40			
94 San Pedro Chenalhó							28					
95 San Pedro Sabana..												
96 San Pedro Remate..	100											
97 Sta. Catarina Pantelhó..........									56			
98 Sta. María Magdalena...........							32					
99 Santa Marta......							36					
100 Sayula..........					52							
101 Simojovel........	168		96	88	132		80	144		516	264	108
102 Socoltenango.....	32											
103 Soyaló..........			48									
104 Solosuchiapa......					24							
105 Soyatitán........									16			
106 Suchiapa........			16									
107 Sunuapa.........					28							
108 Tapachula........	296		420	392	600		480	320	516		300	408
109 Tapalapa........		28										
110 Tapilula........		40			60							
111 Tecpatán........		12										
112 Tectuapan.......					20							
113 Tenango........				24								
114 Tenejapa........							24					
115 Teopisca.........							28					
116 Tila												
117 Tonalá..........	296		168	320	396		240	232	264	300		156
118 Totolapa........								40				
119 Tumbalá........						64						
120 Tuxtla Chico.....										16		
121 Tuxtla Gutiérrez...	150		12	168	192		72	76	108	456	156	
122 Tusantán........										64		
123 Unión Juárez.....										46		
124 Villa Corzo.......			84									
125 Villa Florez			80									
126 Yajalón..........				52								
127 Zapaluta	16											
128 Zinacantán								8				

Geografía 17.

ITINERARIO

DE S. GERÓNIMO (Ferrocarril N. de Tehuantepec)
Á TUXTLA GUTIÉRREZ

---

* OFICINA TELEGRÁFICA. ‡ PUEBLO. ✠ HACIENDA.

DISTANCIA EN LEGUAS MEXICANAS	LA VENTA	NILTEPEC	ZANATEPEC	TAPANA	DOLORES	S. MIGUEL	ZAPOTE	JIQUIPILAS	PETAPA	TUXTLA
De S. Gerónimo (Oax.) ‡*........	9	16	25	31	38	43	53	58	63	75
„ La Venta (Oax.) ✠..		7	16	22	29	34	44	49	·54	66
„ Niltepec (Oax.) ‡*....			9	15	22	27	37	42	47	59
„ Zanatepec (Oax.) ‡...				6	13	18	28	33	38	50
„ Tapana (Oax.) ‡*...					7	12	22	27	32	44
„ Dolores (Chs.) ✠...						5	15	20	25	37
„ S. Miguel (Chs.) ✠..							10	15	20	32
„ Zapote (Chs.) ✠...								5	10	22
„ (1) Jiquipilas (Chs.) ‡ ...									5	17
„ Petapa (Chs.(✠ ...										12

El camino es carretero de San Gerónimo hasta Tuxtla.

✠ A dos leguas de Jiquipilas está la estación telegráfica de Zintalapa.

ITINERARIO
DE TUXTLA GUTIÉRREZ Á SAN FRANCISCO MOTOZINTLA

† PUEBLO. ✱ HACIENDA.

DISTANCIA EN LEGUAS MEXICANAS

	Motozintla	Mazapa	Amatenango	Río Blanco	Tapizalá	La Nueva	San Miguel Ibarra	La Vainilla	San Vicente	Nuevo México	San Antonio	Rosario	La Concordia	Santa Lucía	S. Miguel Custepeques	Porvenir	Paraíso	Cupia
De Tuxtla Gutiérrez †	76	74	70	67	64	61	55	50	47	43	41	38	35	30	23	20	12	4
" Cupia ✱	72	70	66	63	60	57	51	46	43	39	37	34	31	26	19	16	8	
" Paraíso ✱	64	62	58	55	52	49	43	38	35	31	29	26	23	18	11	8		
" Porvenir ✱	56	54	50	47	44	41	35	30	27	23	21	18	15	10	3			
" San Miguel Custepeques ✱	53	51	47	44	41	38	32	27	24	20	18	15	12	7				
" Santa Lucía ✱	46	44	40	37	34	31	25	20	17	13	11	8	5					
" La Concordia †	41	39	35	32	29	26	20	15	12	8	6	3						
" Rosario †	38	36	32	29	26	23	17	12	9	5	3							
" San Antonio ✱	35	33	29	26	23	20	14	9	6	2								
" Nuevo México ✱	33	31	27	24	21	18	12	7	4									
" San Vicente ✱	29	27	23	20	17	14	8	3										
" La Vainilla ✱	26	24	20	17	14	11	5											
" San Miguel Ibarra ✱	21	19	15	12	9	6												
" La Nueva ✱	15	13	9	6	3													
" Tapizalá ✱	12	10	6	3														
" Río Blanco ✱	9	7	3															
" Amatenango †	6	4																
" Mazapa †	2																	

ITINERARIO

DE

TUXTLA GUTIÉRREZ Á PICHUCALCO, VÍA CHIAPA

✚ OFICINA TELEGRÁFICA ‡ PUEBLO ✚ HACIENDA

Distancias en leguas mexicanas	CHIAPA	IXTAPA	SAYALÓ	BOCHIL	ROSARIO	SACRAMENTO	MANZANILLA	LAS NUBES	S. BARTOLOMÉ	TAPILULA	EL SALVADOR	ISHUATÁN	LA PUNTA	SANTA FÉ	SOLOSUCHIAPA	PICHUCALCO
De Tuxtla Gutiérrez*‡	3	8	12	16	21	23	26	27	29	31	33	35	38	39	43	48
„ Chiapa*‡		5	9	13	18	20	23	24	26	28	30	32	35	36	40	45
„ Ixtapa‡			4	8	13	15	18	19	21	23	25	27	30	31	35	40
„ Soyaló‡				4	9	11	14	15	17	19	21	23	26	27	31	37
„ Bochil✚					5	7	10	11	13	15	17	19	22	23	27	32
„ Rosario✚						2	5	6	8	10	12	14	17	18	22	27
„ Sacramento✚							3	4	5	8	10	12	15	16	20	25
„ Manzanilla✚								1	3	6	7	9	12	13	17	22
„ Las Nubes✚									2	4	6	8	11	12	16	21
„ San Bartolomé‡										2	4	6	9	10	14	19
„ Tapilula‡											2	4	7	8	12	17
„ El Salvador✚												2	5	6	10	15
„ Ishuatán‡													3	4	8	13
„ La Punta✚														1	5	10
„ Santa Fé✚															4	9
„ Solosuchiapa‡																5

ITINERARIO

DE

TUXTLA GUTIÉRREZ Á PICHUCALCO, VÍA CHICOASÉN

DISTANCIAS EN LEGUAS MEXICANAS	SAN FERNANDO	CHICOASÉN	COAPILLA	OCOTEPEC	CHAPULTENANGO	ISTACOMITÁN	PICHUCALCO
De Tuxtla Gutiérrez..........	5	12	20	26	35	40	43
„ San Fernando...............		7	15	21	30	35	38
„ Chicoasén.........			8	14	23	28	31
„ Coapilla...................				6	15	20	23
„ Ocotepec...					9	14	17
„ Chapultenango.............						5	8
„ Ixtacomitán.............							3

Este camino es el más corto entre Tuxtla Gutiérrez y Pichucalco, pero atraviesa el corazón de la Sierra Madre y es verdaderamente impracticable para acémilas de carga. Lo usan generalmente los *cargadores* (indígenas que trasportan en las espaldas bultos de 4 á 5 @) y algunos viajeros que tienen que andar partes del camino á pie.

ITINERARIO

DE

TUXTLA GUTIÉRREZ Á SALTO DE AGUA

‡ PUEBLO. ✚ HACIENDA.

DISTANCIAS EN LEGUAS MEXICANAS	CHIAPA	IXTAPA	CINACANTÁN	SAN CRISTÓBAL	TENEJAPA	CANCÚC	GUAQUITEPEQUE	CITALÁ	CHILÓN	YAJALÓN	HIDALGO	TUMBALÁ	TRINIDAD	SALTO DE AGUA
De Tuxtla Gutiérrez‡	3	9	16	18	24	32	37	39	44	47	49	53	61	69
" Chiapa‡		6	13	15	21	29	34	36	41	44	46	50	58	66
" Ixtapa‡			7	9	15	23	28	30	35	38	40	44	52	60
" Cinacantán‡				2	8	16	21	23	28	31	33	37	45	53
" San Cristóbal‡					6	14	19	21	26	29	31	35	43	51
" Tenejapa‡						8	13	15	20	23	25	29	37	45
" Cancúc‡							5	7	12	15	17	21	29	37
" Guaquitepeque‡								2	7	10	12	16	24	32
" Citalá‡									5	8	10	14	22	30
" Chilón‡										3	5	9	17	25
" Yajalón‡											2	6	14	22
" Hidalgo‡												4	12	20
" Tumbalá‡													8	16
" Trinidad✚														8

ITINERARIO

DE

ARISTA (P. de Tonalá) Á TUXTLA GUTIÉRREZ

---

* OFICINA TELEGRÁFICA. ‡ PUEBLO. ✚ HACIENDA.

DISTANCIA EN LEGUAS MEXICANAS	TONALÁ	LA CALERA	BUENA VISTA	CATARINA	JESÚS	SANTA LUCÍA	SAN RICARDO	PETAPA	ESPINAL	LAS CONCHAS	OVEJERIA	TUXTLA GUTZ.
De Arista ‡ * á........	6	13	22	24	28	31	34	37	40	43	44	49
„ Tonalá ‡ *............		7	16	18	22	25	28	31	34	37	38	43
„ La Calera ✚...........			9	11	15	18	21	24	27	30	31	36
„ Buena Vista ✚........				2	6	9	12	15	18	21	22	27
„ Catarina ✚...........					4	7	10	13	16	19	20	25
„ Jesús ✚.............						3	6	9	12	15	16	21
„ Santa Lucía ✚.......							3	6	9	12	13	18
„ San Ricardo ✚.......								3	6	9	10	15
„ Petapa ✚...........									3	6	7	12
„ Espinal ✚..........										3	4	9
„ Las Conchas ✚......											1	6
„ La Ovejería ✚......												5

El camino es carretero de Arista á la Calera y de Buena Vista á Tuxtla Gutiérrez. En el trayecto de la Calera á Buena Vista se atraviesa la Sierra Madre por el paso llamado "La Mica;" el camino es allí bastante accidentado y va ascendiendo hasta llegar á la cumbre, que tiene 864 metros sobre el nivel del mar; pero es bastante bueno para bestias de carga. Por allí pasan todas las mercancías que para el interior del Estado se desembarcan en el puerto de Arista (Puerto de Tonalá).

ITINERARIO

DE

TONALÁ Á TAPACHULA

***

* OFICINA TELEGRÁFICA. ‡ PUEBLO. ✠ HACIENDA.

DISTANCIA EN LEGUAS MEXICANAS	SAN PEDRO	PORVENIR	PIJIJIAPAN	CARRETAS	MAPASTEPEC	ESCUINTLA	HUISTLA	HUEHUETÁN	TAPACHULA
De Tonalá ‡ * á......	8	16	22	30	39	49	61	67	75
„ San Pedro ✠....		8	14	22	31	41	53	59	67
„ Porvenir ✠......			6	14	23	33	45	51	59
„ Pijijiapan ‡ *.....				8	17	27	30	44	53
„ Carretas ✠......					9	19	31	36	45
„ Mapastepec ‡ *...						10	22	27	36
„ Escuintla ‡ *.....							12	17	25
„ Huistla ‡ *......								6	14
„ Huehuetán ‡......									8

El camino sigue toda la parte plana de la costa, y con poco traba-jo se hará carretero. En la época de las secas no presenta inconve-niente alguno. En la de lluvias, los ríos se crecen y algunos de ellos son peligrosos por la impetuosidad de sus corrientes. Los peores son el de "Novillero," cerca de Mapastepec; el de Cintalapa, en Escuintla; el de Huistla; el de Huehuetán y el Coatán, á orillas de Tapachula.

ITINERARIO

DE

PICHUCALCO Á SAN CRISTÓBAL LAS CASAS

* OFICINA TELEGRÁFICA. ‡ PUEBLO. ✱ HACIENDA.

DISTANCIA EN LEGUAS MEXICANAS	Solosuchiapa	Santa Fé	La Punta	Ishuatán	El Salvador	Tapilula	San Bartolomé	Las Nubes	Manzanilla	Sacramento	Rosario	Bochil	Nopal	Cacaté	San Cristóbal
De Pichucalco ‡ * &	5	9	10	13	15	17	19	21	22	25	27	32	36	39	46
„ Solosuchiapa ‡		4	5	8	10	12	14	16	17	20	22	27	31	34	41
„ Santa Fé ✱			1	4	6	8	10	12	13	17	18	25	27	30	37
„ La Punta ‡				3	5	7	9	11	12	15	17	22	26	29	36
„ Ishuatán ‡					2	4	6	8	9	12	14	19	23	26	33
„ El Salvador ✱						2	4	6	7	10	12	17	21	24	31
„ Tapilula ‡							2	4	5	8	10	15	19	22	29
„ San Bartolomé ‡								2	3	6	8	13	17	20	27
„ Las Nubes ✱									1	4	6	11	15	18	25
„ La Manzanilla ✱										3	5	10	14	17	24
„ Sacramento ✱											2	7	11	14	21
„ Rosario ✱												5	9	12	19
„ Bochil ✱													4	7	14
„ Nopal ✱														3	10
„ Cacaté ✱															7

ITINERARIO

DE

PIE DE LA CUESTA (Tabasco) Á S. CRISTÓBAL LAS CASAS

* OFICINA TELEGRÁFICA. ‡ PUEBLO. ✠ HACIENDA.

DISTANCIA EN LEGUAS MEXICANAS	AMATÁN	ESCALÓN	PEDRO RUIZ	SIMOJOVEL	SAN JUAN	SAN ANDRÉS	S. CRISTÓBAL
De Pie de la Cuesta ✠ á......	2	5	19	21	25	35	41
„ Amatán ‡............		3	7	19	23	33	39
„ Escalón ✠			4	16	20	30	36
„ Pedro Ruiz ✠				12	16	26	32
„ Rimojovel ‡ *....................					4	18	24
„ San Juan ‡						10	16
„ San Andrés ‡........							6

Pie de la Cuesta (Tabasco) está á orillas del río *Tapijulapa*. Desde allí la comunicación con San Juan Bautista de Tabasco, se hace en canoas. El río de *Tapijulapa* es tributario del *Teapa*, que á su vez desemboca en el Mescalapa ó Grijalva, cerca de Ran Juan Bautista.

ITINERARIO

DE

SAN CRISTÓBAL LAS CASAS Á COMITÁN

* OFICINA TELEGRÁFICA. ‡ PUEBLO. ✠ HACIENDA.

DISTANCIA EN LEGUAS MEXICANAS	TEOPISCA	AMATENANGO	SALVATIERRA	YERBABUENA	SAN FRANCISCO	COMITÁN
De San Cristóbal ‡ * á............	8	10	16	17	21	25
„ Teopisca ‡	....	2	8	9	13	17
„ Amatenango ‡	....	....	6	7	11	15
„ Salvatierra ✠	....	....	....	1	5	9
„ Yerbabuena ✠	....	....	....	....	4	8
„ San Francisco ✠	....	....	....	....	....	4

ITINERARIOS

DE

S. CRISTOBAL LAS CASAS Á OCOSINGO (CHILON)

* OFICINA TELEGRÁFICA. ‡ PUEBLO. ✠ HACIENDA.

VÍA SAN MARTÍN

Distancia en leguas mexicanas	HUISTÁN	OXCHUC	SAJALÁ	SAN MARTÍN	OCOSINGO
De S. Cristóbal Las Casas ‡ * á.	5	9	14	15	21
„ Huistán ‡............	....	4	9	10	16
„ Ox huc ‡..............			5	6	12
„ Sajalá ✠.............				1	7
„ San Martín ‡					6

VÍA SIBACÁ

Distancia en leguas mexicanas	TENEJAPA	CANCÚC	TENANGO	SIBACÁ	OCOSINGO
De S. Cristóbal Las Casas ‡ * á.	6	14	18	23½	25
„ Tenejapa ‡		8	•12	17½	19
„ Cancúc ‡................			4	9½	11
„ Tenango ‡...............				5½	7
„ Sibacá ‡................					1½

ITINERARIO

DE

COMITÁN Á OCOSINGO

‡ PUEBLO. ✚ HACIENDA.

Distancia en Leguas mexicanas	Yaxhá	Bajucú	Verjel	Morelia	Tzaconejá	San Carlos	Rancho Mateo	Suschilá	Gologüitz	Ocosingo
De Comitán ‡ *...	4	8	12	13	15	17	18	20	22	24
„ Yaxhá ✚..........		4	8	9	11	13	14	16	18	20
„ Bajucú ✚.....			4	5	7	9	10	12	14	16
„ Verjel ✚.....				1	3	5	6	8	10	12
„ Morelia ✚.....					2	4	5	7	9	11
„ Tzaconejá ✚..						2	3	5	7	9
„ San Carlos ‡...							1	3	5	7
„ Rancho Mat° ✚..								2	4	6
„ Suschilá ✚....									2	4
„ Gologüitz ✚ ..										2

ITINERARIO

DE

OCOSINGO (CHILÓN) Á SALTO DE AGUA (PALENQUE)

---

* OFICINA TELEGRÁFICA. ‡ PUEBLO. ✠ HACIENDA.

Distancia en Leguas mexicanas	PESTOC	BACHAJÓN	CHILÓN	YAJALÓN	HIDALGO	TUMBALÁ	LA PRIMAVERA	LA TRINIDAD	SALTO DE AGUA
De Ocosingo ‡......	2	6	10	13	15	19	21	27	35
" Pestoc ✠........	....	4	8	11	13	17	19	25	33
" Bachajón ‡......	....	....	4	7	9	13	15	21	29
" Chilón ‡.......	....	....	....	3	5	9	11	17	25
" Yajalón ‡.......	....	....	....	....	2	6	8	14	23
" Hidalgo ‡.......	....	....	....	....	....	4	6	12	21
" Tumbalá ‡......	....	....	....	....	....	....	2	8	17
" La Primavera ✠..	....	....	....	....	....	....	....	6	15
" La Trinidad ✠...	....	....	....	....	....	....	....	....	8

ITINERARIO

DE

COMITÁN Á NENTÓN (GUATEMALA)

————

* OFICINA TELEGRÁFICA. ‡ PUEBLO. ✠ HACIENDA.

Distancia en leguas mexicanas	EL VALLE	JUNCANÁ	CIENEGUILLA	SAN VICENTE	NENTÓN
De Comitán ‡ *	4	6	10	12	20
„ El Valle ✠		2	6	8	16
„ Juncaná ✠			4	6	14
„ Cieneguilla ✠				2	10
„ San Vicente ✠					8

ITINERARIO DE COMITÁN Á TAPACHULA

* OFICINA TELEGRÁFICA. ‡ PUEBLO. ✠ HACIENDA

DISTANCIA EN LEGUAS MEXICANAS

	ZAPALUTA	SANTA ANA	SAN JOAQUIN	RANCHO LIMÓN	S. JUAN DEL Río	TRES CRUCES	LA NUEVA	TAPIZALA	Río Blanco	AMATENANGO	MAZAPA	MOTOZINTLA	S. GERÓNIMO	TUSANTÁN	HUEHUETAN	TAPACHULA
De Comitán ‡ * á	4	8	11	14	16	22	26	29	32	35	39	41	49	53	57	65
Zapaluta ✠		4	7	10	12	18	22	25	28	31	35	37	45	49	53	61
Santa Ana ✠			3	6	8	14	18	21	25	27	31	34	41	45	49	57
San Joaquín ✠				3	5	11	15	18	22	24	28	31	38	43	46	54
Rancho Limón ✠					2	8	12	15	20	22	26	29	35	39	43	51
San Juan del Río ✠						6	10	13	14	16	20	23	33	37	41	49
Tres Cruces ✠							4	7	10	12	16	19	27	31	35	43
La Nueva ✠								3	6	9	13	16	23	27	31	39
Tapizalá ✠									3	6	10	13	20	24	28	36
Río Blanco ✠										3	7	10	17	21	25	33
Amatenango ‡											4	6	14	18	22	30
Mazapa ‡												4	10	14	18	26
San Francisco Motozintla ‡													8	12	16	24
San Gerónimo ✠														4	8	16
Tusantán ‡															4	12
Huehuetán ‡																8

LINEA DE VAPORES DE LA COMPAÑÍA DE LA MALA DEL PACIFICO

LINEAS DE NUEVA YORK Y COLON,
SAN FRANCISCO Y PANAMA,
MEXICO Y CENTRO AMERICA

ITINERARIO DE LLEGADAS Y SALIDAS
EN VIGOR DESDE EL 1° DE OCTUBRE DE 1894
Sujeto á cambio y variación accidental sin aviso

VAPORES PARA EL NORTE	Nueva York y San Francisco Línea general			Panamá y Champerico	Panamá y Manzanillo
Sale de Nueva York*	10	20	30	30	20
Llega á Colón......	17	27	7	7	27
Sale de Panamá....	19	28 ó 29	9	10	30
" Puntarenas .	22			13	3
" San Juan....				14	4
" Corinto.....	24			15	5
" Amapala ...				16	6
" La Unión ...				17	7
" La Libertad.	25	2	13	18	8
" Acajutla	26	3	14	19	10
" San José ...	28	4	15	20	12
" Champerico..	29	5	16	21	13
" Ocos......			17		14
" San Benito..					15
" Tonalá......					16
" Salina Cruz..					17
" Puerto Ángel					18
" Acapulco....	1	7	19		Llega 19 Sale 20
" Manzanillo..		9	21		22
" San Blas....		10	22		
" Mazatlán ...		11	23		
Llega á San Francisco	8	18	29		

VAPORES PARA EL SUR	San Francisco y Nueva York Línea general			Champerico y Panamá	Manzanillo y Panamá
Sale de San Francisco........	8	18	28		
Sale de Mazalán....	14	24			
„ San Blas...		25	4		
„ Manzanillo..		26	5		24
„ Acapulco....	17	29	7		30
„ Puerto Angel					1
„ Salina Cruz..					2
„ Tonalá...:..					3
„ San Benito...					6
„ Ocos.......	19				7
„ Champerico.	21	2	10	22	8
„ San José....	24	5	15	23	10
„ Acajutla....	28	8	18	24	13
„ La Libertad.	29	9	19	25	14
„ La Unión...				26	15
„ Amapala....				27	16
„ Corinto.....			20	28	17
„ San Juan....				29	18
„ Puntarenas .	1			30	19
Llega á Panamá....	3	13	23	2	22
Sale de Colón.....	4	14	24	4	24
Llega á Nueva York *	11	21	31 ó 1	11	31 ó 1

* El 10 solamente por los vapores de la Compañía de la Línea Colombina del Ferrocarril de Panamá.

Los vapores llegarán y saldrán con la mayor regularidad posible, como lo indica el itinerario anterior.

Cuando el mes de partida tenga 31 días, tendrán verificativo las primeras fechas de la columna.

CONDICIONES:

Llegada de vapores á Colón-Aspinwall

Línea de vapores de la *Compañía Colombina del Ferrocarril de Panamá;* de Nueva York los días 7. 17 y 27 de cada mes.

Vapor de la *Royal Mail Steam Paket Co.;* de Southampton vía Indias Occidentales, un lunes sí y otro nó.

Vapor de la *Compagnie Générale Transatlantique;* de Marsella y puertos de tránsito, el 9; del Havre, Burdeos y puertos de tránsito, el 19; de San Nazario y puertos de tránsito, el 29.

Vapor de la *Hamburg-American Line;* de Hamburgo. Havre, etc., los días 4, 12 y 23.

Vapor de la *Compañía Trasatlántica de Barcelona;* de Santander y puertos de tránsito, el 19.

Vapores de la *West India & Pacific S. S. Co.* y de la *Harrison Line;* de Liverpool y puertos de tránsito, cada catorce días; de Liverpool y Burdeos, cada quince días.

Llegada de vapores á Panamá .

Vapores de la *Pacific Steam Navigation Co.* y de la *South American S. S. Co.;* de Valparaiso, Callao, Guayaquil y puertos de tránsito. conforme al último itinerario.

Salida de vapores de Colón-Aspinwall

Línea de vapores de la *Compañía Colombina del Ferrocarril de Panamá;* para Nueva York, los días 4, 14 y 24.

Vapor de la *Royal Mail Steam Paket Co.;* para Plymouth, Cherburg y Southampton, vía Indias Occidentales, un sábado sí y otro nó.

Vapor de la *Compagnie Générale Transatlantique;* para San Nazario y puertos de tránsito, el 3: para Marsella y puertos de tránsito. el 12; para el Havre, Burdeos y puertos de tránsito. el 22.

Vapor de la *Hamburg-American Line;* para Hamburgo, Havre y puertos de tránsito, los días 7, 15 y 26.

Vapor de la *Compañía Trasatlántica de Barcelona;* para Santander y puertos de tránsito, el 21.

Vapores de la *West India & Pacific S. S. Co.* y de la *Harrison Line;* para Liverpool, vía Nueva Orleans, cada diez días; para Liverpool, vía Veracruz y Nueva Orleans, cada quince días.

Salida de vapores de Panamá

Vapores de la *Pacific Steam Navigation Co.* y de la *South American S. S. Co.;* para Guayaquil, Callao, Valparaiso y puertos de tránsito, todos los jueves.

Nueva York. Septiembre 20 de 1894.—*Alexander Center,* Agente general, San Francisco.—*John Muir,* Agente, Pier foot of Canal St., N. R., Nueva York. —*J. H. Leverich,* Agente general, Panamá.

LINEA DE VAPORES DE LA COMP

LINEA DE CENTRO A

TARIFA DE FLETES LOCALES (POR VAPORES DIRECTOS O COSTEROS) POR TU

A regir desde el 1º d

TARIFA DE FLETES DE	Punta Arenas	San Juan	Corinto	Amapala	La Unión	La Libertad	Acajutla
Panamá	7	9	9	9	9	10	10
Punta Arenas.........	....	5	5	6	6	6	6
San Juan	...	....	4	4	4	5	5
Corinto.............	...	....	....	3	3	4	4
Amapala	...	....	....	....	3	4	4
La Unión	...	....	....	....	....	4	4
La Libertad....	...	....	....	....	....	....	4
Acajutla.........	...	....	....	....	....	....	....
San José	...	....	....	....	....	....	....
Champerico...........	...	....	....	....	....	....	....
Ocós....	...	....	....	....	....	....	....
San Benito	...	....	....	....	....	....	....
Tonalá	...	....	....	....	....	....	....
Salina Cruz.	...	....	....	....	....	....	....
Puerto Angel	...	....	....	....	....	....	....
Acapulco	...	....	....	....	....	....	....
Manzanillo	...	....	....	....	....	....	....
San Blas	...	....	....	....	....	....	....

　　　Estos precios rigen DE Panamá hasta todos los puertos menciona
y Colón, se expresan en otra tarifa.
　　　FLETES POR TESORO.— De Panamá á todos los puertos de Cen
ó más, á un consignatario, $5/8$ %; entre los puertos de Centro América,
Acapulco y los puertos mexicanos al norte, $3/8$ %; entre Acapulco y los
Acapulco y los al norte, $1/2$ %.
　　　FLETE SOBRE ALGODON.—De Acapulco á Manzanillo, San Blas
Los fletes se pagarán en moneda de Oro de los Estados Unidos ó su
Los fletes deben ser pagados adelantados. No se firmará ningún co
No se admitirá carga ni tesoro para los puertos mexicanos á menos
poco serán llevados entre dichos puertos á menos que sean acompaña
Nueva York, Noviembre 1º de 1888.—*John M. Dow*, Agente Gene

AÑÍA DE LA MALA DEL PACÍFICO.

MÉRICA Y MÉXICO.

NELADA DE 2,000 LIBRAS O 40 PIES CUBICOS A LA OPCION DE LA COMPAÑIA.

e Diciembre de 1888

San José	Champerico	Ocós	San Benito	Tonalá	Salina Cruz	Puerto Angel	Acapulco	Manzanillo	San Blas	Mazatlán
10	10	11	12	14	14	14	14	16	16	16
6	7	8	10	10	10	10	10	12	12	12
5	7	8	10	10	10	10	10	12	12	12
5	7	8	10	10	10	10	10	12	12	12
5	7	8	9	9	9	9	9	10	10	10
5	7	8	9	9	9	9	9	10	10	10
4	7	8	8	8	8	8	8	9	9	10
4	6	6	8	8	8	8	8	9	9	10
....	3	5	6	7	7	7	7	8	8	10
....	....	3	4	6	6	6	6	8	8	10
....	....	....	3	5	5	5	5	7	7	10
....	....	....	....	5	5	5	5	7	7	10
....	....	....	....	....	5	5	5	7	7	10
....	....	....	....	....	....	5	5	7	7	10
....	....	....	....	....	....	....	5	7	7	10
....	....	....	....	....	....	....	....	6	7	8
....	....	....	....	....	....	....	....	....	6	7
....	....	....	....	....	....	....	....	....	....	6

dos. Los precios de los puertos de Centro América y México á Panamá

tro América y México, ¾ %; de Panamá, sobre embarques de $10,000 ¾ %; entre los puertos de Centro América y los de México, ½ %; entre puertos mexicanos al sur, ¾ %; entre los pueraos mexicanos al sur de

y Mazatlán, ¾ c. por libra.
equivalente y sin capa.
socimiento por menos de $2.00.
que sean acompañados por los documentos consulares necesarios; támdos por las licencias aduanales necesarias.
ral, Panamá.—*J. H. Leverich*, Agente Especial, Guatemala.

EMPRESA DE LANCHAS.

PUERTO DE TONALÁ, CHIAPAS, MÈXICO.

TARIFA
QUE COMENZARÁ Á REGIR DESDE EL 1º DE ABRIL DE 1895.

EMBARQUES Ó DESEMBARQUES.

Productos agrícolas é industriales, mercancías y maquinaria
de todas clases.......................Tonelada ..$ 10
Plata bruta ó acuñada, oro y otros efectos cuyo flete marítimo
se paga sobre valor:
Hasta la cantidad de $10,000 por cada conocimiento...... 0.25 %
Cantidades mayores de $10,000...................... 0.20 %
Cargamentos que excedan de 200 toneladas por cada conoci-
miento...............................Tonelada.. 8 00
Lastre y agua para los buques...............CONVENCIONAL

PASAJEROS.

Embarque ó desembarque hasta con 100 ℔ de equipaje cada
uno..$ 1 00
Equipaje extra.................................. 0 75
Paseadores á bordo de los buques, ida y vuelta cada uno.... 1 00

Observaciones generales.

1ª. Se reputan por una tonelada para los efectos de esta Tarifa: 40 piés cúbi-
cos ó 2,000 libras españolas á opción de la Empresa, sirviendo de base el conocimiento, pero con facultad de rectificar el peso ó medida.

2ª. La Empresa no se hace cargo del embarque ó desembarque de bultos cuyo
peso exceda de 1,000 libras, pero si llegare á verificarlo, cobrará por tales bultos
á razón de $20 tonelada.

3ª. La carga de embarque se recibe en la bodega de la Empresa, situada á la
orilla del mar, y la de desembarque en los almacenes de la Aduana, ó en el lugar
que ésta designe al verificarse la descarga, no siendo á una distancia mayor de la
que hay desde el punto de desembarque á los almacenes citados.

4ª. No se responde de pérdidas, roturas ó averías, pero se procurará evitarlas
hasta donde sea posible.

5ª. Las cuentas de la Empresa por trabajos ejecutados se pagarán á presentación; pero la misma Empresa podrá exijir el pago adelantado cuando lo creyere conveniente. Así mismo, podrá negarse á prestar servicios á personas ó cor-
poraciones que tuviesen con ella cuentas atrasadas y rehusaren su pago.

6ª. Esta tarifa anula la anterior y la Empresa podrá cambiarla cuando lo crea
conveniente.

Tonalá, Marzo 15 de 1895.—*Ordaz Liljehult y Comp.*, Sucesores de *L. Goût
y Comp.*, Propietarios.

DE LAS CONTRIBUCIONES

En Chiapas se pagan:
1. Contribución al Estado.
2. Idem á los Ayuntamientos.
3. Idem al Gobierno Federal.

I

Al Estado corresponden las siguientes:

1 Contribución por capitación. 12 centavos que paga mensualmente todo varón de 16 á 60 años de edad. Ley de 14 de Noviembre de 1892.

2. El 6 al millar al año sobre el valor de toda finca rústica que pase de $100. Leyes de 8 de Septiembre de 1892, 11 de Noviembre de 93 y 26 de Noviembre de 1894.

3. Impuesto sobre todo giro mercantil. Ley de 23 de Febrero de 1894.

4. Contribución sobre capitales á mútuo.

5. Impuesto sobre ganado vacuno para la matanza. Ley de 6 de Enero de 1886.

6. Contribución sobre la industria de transportes. Ley de 12 de Diciembre de 1892.

7. Impuesto á la destilación de alcoholes. Ley de 30 de Junio de 1893.

8. Impuesto á beneficio de la instrucción pública. 80 centavos que paga anualmente todo varón de 16 á 60 años. Leyes de 28 de Noviembre de 1892, y 10 de Febrero de 1894.

9. Impuesto sobre herencias y donaciones. Ley de 26 de Diciembre de 1892.

II

A los Ayuntamientos corresponden las que determina la ley de 15 de Enero de 1882.

III

El Gobierno Federal cobra el 30 por ciento sobre el monto de toda contribución que se pague al Estado ó á los Ayuntamientos, exceptuando las de capitación é instrucción pública y algunas otras de poca importancia.

LEY DE INGRESOS PARA EL AÑO DE 1895.

"*FAUSTO MOGUEL, Gobernador interino Constitucional del Estado Libre y Soberano de Chiapas á sus habitantes sabed: que el Congreso del mismo, ha tenido á bien decretar lo siguiente:*

El XVIII Congreso Constitucional del Estado Libre y Soberano de Chiapas, en nombre del pueblo, decreta:

Art. 1º.—Son ingresos del Tesoro del Estado, para el año fiscal de 1895, los siguientes:

I La contribución por capitación.

II. El seis al millar sobre fincas rústicas, ubicadas en terreno de propiedad en ejidos, por valor de cien pesos á cincuenta mil cada una. Las de mayor valor pagarán el seis al millar, sobre cincuenta mil pesos, y el cuatro sobre el exceso.

III. El producto del impuesto sobre todo giro mercantil.

IV. El producto de la contribución sobre capitales á mútuo.

V. El producto del impuesto sobre ganado vacuno para la matanza.

VI. El producto de la contribución sobre industrias de transportes.

VII. El producto del impuesto sobre destilación de alcoholes.

VIII. El producto del impuesto á beneficio de la Instrucción pública.

IX. El producto de la venta de terrenos de ejidos en la parte que las leyes relativas asignan al Estado.

X. El producto del impuesto sobre herencias y donaciones.

XI. El producto de avisos, remitidos y obras de interés particular, de la Imprenta del Gobierno según tarifa; así como el valor de otras impresiones.

XII. El importe de las multas que se impusieren por las autoridades y funcionarios públicos del Estado.

XIII. La parte del valor de la enagenación de los terrenos baldíos, excedencias y demasías.

XIV. El diez por ciento sobre el valor de los tesoros ocultos que se descubran en propiedad particular, y el veinte por ciento sobre los que se encuentren en lugares públicos.

XV. Diez y seis pesos por la expedición de cada título de Abogado, Notario público, Farmacéutico ó Ingeniero.

XVI. El recargo á causantes morosos.

XVII. Los créditos activos del Estado.

XVIII. Productos de telégrafos y teléfonos.

XIX. Los rezagos de impuestos no cobrados en años anteriores.

XX. Productos de arrendamientos de edificios públicos del Estado.

XXI. Productos de la venta de bienes mostrencos.

XXII. Productos de subscripciones al Periódico Oficial y demás publicaciones del Estado.

XXIII. Ingresos extraordinarios.

Art. 2º.—Todas las contribuciones del Estado se pagarán precisamente en moneda mexicana. Se exceptúan los Departamentos de Las-Casas, Comitán y La Libertad, en donde serán admisibles los pesos fuertes Centro y Sud-americanos al tipo de ochenta y cinco centavos, y la fraccionaria al mismo tipo, pero en pago de fracciones que no lleguen á ochenta y cinco centavos. Queda igualmente exceptuado el Departamento de Chilón, pero únicamente para el pago de las contribuciones á que se refieren la fracción I y VIII del artículo anterior.

Art. 3º.—Las contribuciones deben pagarse en el Departamento en que se causen, ó en la Tesorería general, previa solicitud á la misma y resolución de ésta. En este último caso, se abonará la mitad del honorario correspondiente á la Colecturía que debió hacer el cobro. Las contribuciones cuyo cobro está encomendado á los Jefes políticos, se pagarán en el Departamento respectivo.

Art. 4º.—Con excepción del impuesto á beneficio de la Instrucción pública, cuya forma de pago está determinada por la ley relativa, todas las contribuciones de cuota fija se pagarán por tercios adelantados; debiendo concurrir los causantes á las oficinas recaudadoras á cumplir con esta disposición dentro de los primeros quince días de cada tercio; pasado dicho tiempo, en la quincena siguiente, el empleado recaudador les requerirá de pago con recargo de un 10 p⅋ , y en caso de resistencia procederá al embargo conforme á la ley de la facultad económico-coactiva.

Art. 5º.—Los productos de la Imprenta del Gobierno, se harán efec-

Geografía 20

tivos por el Tesorero general por conducto de los Colectores de Rentas que se constituyen mediante á esta disposición, Agentes para dicho cobro conforme á las reglas siguientes:

Los anuncios y publicaciones de particulares que se dirijan al Periódico Oficial para su inserción ó publicación, no se imprimirán sino después de haber hecho el interesado el entero respectivo á las Colecturías de los Departamentos, lo que se acreditará ante el Administrador de la Imprenta con el recibo correspondiente; quedando éste en la obligación de abrir un registro de los que sean presentados con expresión de su cuantía, para hacer al fin de cada mes el cotejo con las partidas relativas que se asienten en la Tesorería.

Art. 6º.—Los productos de las multas que se impongan conforme á las leyes por las autoridades y funcionarios públicos del Estado, se ingresarán desde luego con su aviso, á las Colecturías de Rentas, debiendo dichas autoridades y funcionarios, exigir el comprobante que acredite el pago y enviar á fin de cada mes á la Tesorería general lista de las personas multadas con expresión del valor de cada boleta.

Art. 7º.—Se exceptúan de lo dispuesto en el artículo anterior las multas que impusieren los Alcaldes y demás autoridades Municipales, cuyo producto quedará á beneficio del Erario Municipal.

Art. 8º.—El impuesto de diez y seis pesos por la expedición de títulos de Abogado, Notarios públicos. Farmacéuticos ó Ingenieros, se satisfará á la Tesorería general ó á la Colecturía de Rentas respectiva, y no se hará entrega de dicho documento á los interesados, sin que justifiquen préviamente el pago con el recibo que corresponda, el que se agregará al expediente, que para la expedición del título se hubiese formado.

Art. 9º.—Las Colecturías de Rentas nombrarán los escribientes y guardas que conforme al presupuesto de egresos, deben tener, así como á los Sub-Colectores, cuidando de que el nombramiento de dichos empleados, recaiga en personas de reconocida honradez y aptitud.

Art. 10.—Es obligación de los Colectores y Sub-Colectores, expedir los pases que se soliciten para la extracción de efectos ó productos del Estado, de cualquiera clase que sean á los otros de la República sin exigir remuneración alguna á los interesados. Estos pases se librarán con el sello de la oficina y firma del empleado, llevando de ellos un registro.

Art. 11.—El Tesorero, Colector, Sub-Colector ó Agente que no cumpla con las obligaciones consignadas en la presente ley, en los casos que no tenga pena señalada por la misma, satisfará una multa de veinticinco á cien pesos, que hará efectiva el empleado inmediato superior, y la de diez á cincuenta la autoridad ó Agente Municipal que incurra en la misma falta, la que será aplicada por la Jefatura política respectiva. Si además la falta entrañare el delito de peculado, dichos empleados respectivamente consignarán al responsable á la autoridad judicial, para que proceda en su contra según haya lugar.

El Ejecutivo dispondrá se imprima, publique y circule.

Dado en el Salón de sesiones del H. Congreso del Estado. Tuxtla Gutiérrez, Noviembre 16 de 1894.—*Eliseo López*, D. P.— *V. Figueroa*, D. S. —*Manuel H. San Juan*, D. S.

Por tanto, mando se imprima, publique, circule y cumpla.

Palacio del Gobierno del Estado. Tuxtla Gutiérrez, Noviembre veintiseis de mil ochocientos noventa y cuatro.—*F. Moguel.*

LEY DE CAPITACION

"*EMILIO RABASA, Gobernador Constitucional del Estado Libre y Soberano de Chiapas, á sus habitantes sabed: que en uso de la facultad que me concede el decreto fecha 11 de Agosto último, he tenido á bien decretar lo siguiente:*

Art. 1º.—El impuesto personal establecido en el Estado bajo el nombre de Capitación, seguirá formando parte de sus rentas y todos los procedimientos que se sigan para su recaudación, se sujetarán á los términos que previene esta ley y el reglamento respectivo.

Art. 2º.—Todo varón de 16 años en adelante pagará mensualmente 12 centavos por el impuesto de capitación.

Art. 3º.—Se exceptúan del pago de dicho impuesto.

I. Los mayores de 60 años.

II. Los militares en servicio activo.

III. Los estudiantes matriculados en los establecimientos de instrucción pública del Estado.

IV. Los físicamente impedidos para el trabajo, que fueren pobres de solemnidad.

V. Los miembros de los Ayuntamientos y los individuos de la Policía municipal.

VI. Los presos, mientras permanezcan en la prisión.

VII. Los reos en tanto extinguen su condena.

VIII. Los individuos de cualquiera procedencia de fuera del Estado, si su residencia en éste no pasare de un mes.

IX. Los miembros de la Junta de Vigilancia de cárceles.

X. Los Alcaldes constitucionales mientras estén en el ejercicio de sus funciones.

Art. 5º.—Para el cobro del impuesto se formarán cada tres años padrones parciales de cada localidad y generales de cada Departamento, que pasarán á las Juntas calificadoras para su examen, revisión y aprobación

Art. 6º.—Los padrones que servirán de base para el cobro de la capitación en el próximo trienio se sacarán del general que se forme en cumplimiento de la ley del censo, autorizados por la Secretaría General del Gobierno, y los trienios se contarán desde 1893.

Art. 7º.—El Ejecutivo reglamentará la presente ley, y tanto ésta como su reglamento, comenzarán á regir el día 1º de Enero próximo, quedando desde entonces derogadas todas las disposiciones que en la materia han regido hasta hoy.

Art. 8º.—El Ejecutivo podrá dispensar del pago de la contribución personal por vía de compensación á los causantes que prestaren algún servicio público, sólo durante el tiempo que el servicio se preste.

Por tanto, mando se imprima, publique, circule y cumpla.

Palacio del Gobierno del Estado. Tuxtla Gutiérrez, Septiembre catorce de mil ochocientos noventa y dos.—*Emilio Rabasa.*

LEY DEL IMPUESTO SOBRE GIROS MERCANTILES

EMILIO RABASA, Gobernador Constitucional del Estado Libre y Soberano de Chiapas, á sus habitantes sabed: que en uso de la facultad que me concede el decreto fecha 30 de Diciembre último, he tenido á bien decretar lo siguiente:

Art. 1º.—Para hacer efectivo el pago del impuesto á que se refiere la fracción III del art. 1º de la ley de Ingresos vigente, se procederá en la forma que dispone la presente ley.

Art. 2º.—Son giros mercantiles para el efecto de la contribución relativa:

I. Los almacenes de mercancías extranjeras ó del país, de ventas al por mayor.

II. Las tiendas de mercancías de una ú otra clase, para ventas al menudeo.

III. Las casas de comisiones.

IV. Las negociaciones de exportación.

V. Las de cambio sobre plazas del país ó extranjeras.

VI. Las corredurías con título ó sin él.

VII. Los hoteles, mesones, fondas, casas de huéspedes, cantinas, establecimientos de baños, y cualesquiera otros análogos destinados al servicio público, mediante retribución.

VIII. Cualquiera negociación que, en caso de duda declare mercantil el Tesorero general, á quien deberá elevarse la consulta.

Art. 3º.—El giro mercantil del Estado pagará al Fisco en cada tercio la cantidad de $ 6600 seis mil seiscientos pesos distribuídos en la forma que sigue:

El Departamento de Tuxtla			$ 1700 00
"	"	" Soconusco	" 1500 00
"	"	" Las-Casas	" 800 00
"	"	" Comitán	" 750 00
"	"	" Tonalá	" 750 00
"	"	" Pichucalco	" 300 00
"	"	" Chiapa	" 200 00
"	"	" La Libertad	" 80 00
"	"	" Palenke	" 100 00
"	"	" Simojovel	" 180 00
"	"	" Chilón	" 70 00
"	"	" Mezcalapa	" 70 00

Art, 4º.—Una Junta formada en cada Departamento. del Jefe político que fungirá de Presidente, Colector de Rentas y Síndico Municipal, que se reunirá dentro de ocho días de recibida esta ley y concluirá sus trabajos dentro de los quince siguientes, distribuirá la cantidad asignada entre los giros mercantiles del mismo en proporción del monto de cada uno. pudiendo ilustrarse con la opinión de los comerciantes del lugar. Será Secretario de la Junta el de la Jefatura.

Art. 5º.—Hecha la distribución por la Junta se publicará fijando las listas en tres parajes públicos por quince días con el objeto que durante ese término puedan los comerciantes que no estuvieren conformes, hacer sus reclamaciones ante la Jefatura política.

Art. 6º.—Los Jefes políticos remitirán al Gobierno por el primer correo siguiente al término señalado en el artículo anterior, copia autorizada del expediente de distribución y originales las reclamaciones de los comerciantes.

Art. 7º.—Una Junta compuesta del Tesorero general, del Promotor fiscal y del Presidente municipal, en la cual fungirá aquel funcionario como Presidente y el Jefe de la Sección 1ª de la Tesorería como Secretario, revisará dentro de ocho días la distribución hecha por las Juntas departamentales, tomando en consideración las reclamaciones de los comerciantes para lo cual el Gobierno luego que reciba los documentos á que se refiere el artículo anterior los pasará al Tesorero general. La Junta al revisar, repartirá entre los demás causantes del Departamento las cantidades que baje á los que hayan reclamado de manera que resulte distribuída la cantidad asignada al Departamento.

Art. 8o.—Practicada la revisión se publicará la distribución definitiva fijando las listas en tres parajes públicos por quince días y remitirá desde luego á la Tesorería general el expediente original de revisión y demás documentos, para que de conformidad con la distribución hecha proceda al cobro del impuesto y notificará por medio de oficio á los comerciantes que hubieren ocurrido en queja durante el término señalado en el art. 5o el resultado definitivo de la revisión.

Art. 9o.—La Tesorería cuidará de remitir oportunamente á los Colectores, por duplicado las listas de distribución que correspondan á sus Departamentos y las instrucciones que crean necesarias para hacer más facil y oportuno el cobro del impuesto. El duplicado se fijará por quince días en un paraje público de la cabecera del Departamento, como notificación á los causantes.

Art. 10.—Las negociaciones mercantiles que se establezcan después del rateo ó que no hubieren sido comprendidas en él, deberán denunciarse al Jefe político por sus propietarios, dentro de quince días contados desde la fecha en que debieron hacer el primer pago. La falta de denuncio se castigará con multa de cinco á veinticinco pesos. La Junta se reunirá y fijará á la nueva negociación una cuota proporcional según su importancia comparándola con las calificaciones anteriores. Tanto las Juntas departamentales como la revisora procederán con las mismas formalidades que señala la presente ley.

Art. 11.—Quedan exentas de esta contribución:

I. Las negociaciones cuyo capital no exceda de doscientos pesos.

II. Las que sean puramente manufactureras.

Art. 12.—La Junta central y las locales tendrán en cuenta las siguientes bases para la distribución.

I. Considerar solamente el capital mercantil de cada persona ó casa comercial, cuidando de no confundir en él los bienes rústicos, fincas urbanas ni negociaciones industriales, con excepción de la elaboración de tabaco que sí se incluirá en el capital.

II. Calcular no sólo el capital efectivo, sino todo el que cada comerciante tenga en giro, incluso el crédito.

III. Considerar en cada Departamento sólo el capital que en él gire cada comerciante, cuando tenga casa establecida también en otro.

Art. 13.—Publicados los trabajos de la Junta central sólo se admitirán como bajas, previa comprobación, las negociaciones que desaparezcan ó se reduzcan á la mitad ó algo más.

Art. 14.—El cargo de miembro de la Junta central, es obligatorio y gratuito.

Art. 15.—Si por morosidad del Jefe político, la Junta local no se instalare el día señalado por la ley, ó no terminare sus trabajos en el plazo que ésta determina, el Tesorero general le impondrá de plano una multa de cien pesos y veinte por cada día de retardo. La morosidad por parte de los otros miembros, será castigada por el Jefe político con multa de cinco á veinticinco pesos en cada caso.

Art. 16.—Los causantes comprendidos en el art. 13 ocurrirán á la Jefatura política del Departamento respectivo solicitando la baja, acompañando todas las pruebas y razonamientos en que funden su petición. Los Jefes políticos dentro de cinco días darán cuenta con ella á la Junta distribuidora la que, en un plazo que no exceda de quince días emitirá su informe y opinión y elevará original el expediente al Gobierno quien á su vez lo remitirá al Tesorero general.

Art. 17.—Dentro de ocho días el Tesorero remitirá á la Junta central para que dentro de los diez siguientes con presencia de las pruebas que hayan acompañado los peticionarios y demás que presenten hasta antes de resolver, declare si ha ó no lugar á la baja y por qué cantidad. Esta resolución la comunicará á la Tesorería general para su cumplimiento y surtirá sus efectos desde el tercio siguiente al en que hizo la solicitud.

Art. 18.—Las Juntas durarán en su encargo hasta que vuelva á hacerse nueva distribución. Esta se renovará cada dos años ó antes si el Ejecutivo lo dispusiere así, porque en su concepto haya habido notable aumento ó disminución en el giro mercantil.

Por tanto, mando se imprima, publique y circule.

Palacio del Gobierno del Estado. Tuxtla Gutiérrez, Febrero veintitrés de mil ochocientos noventa y cuatro.—*Emilio Rabasa.*

LEY DEL IMPUESTO SOBRE HERENCIAS Y LEGADOS.

"*EMILIO RABASA, Gobernador Constitucional del Estado Libre y Soberano de Chiapas, á sus habitantes sabed: que el Congreso del mismo ha tenido á bien decretar lo siguiente:*

El XVII Congreso Constitucional del Estado Libre y Soberano de Chiapas, en nombre del pueblo, decreta:

Art. 1º.—Se gravan á favor del Erario del Estado las herencias directas ó transversales, los legados y los contratos de donación entre vivos con el impuesto que á continuación se expresa.

I. El medio por ciento para los descendientes.

II. El uno por ciento para los ascendientes y cónyuge.

III. El dos por ciento para los colaterales de segundo grado.

IV. El cuatro por ciento para los colaterales del tercero al cuarto grado.

V. El diez por ciento para los demás colaterales y extraños.

Art. 2º.—Las herencias vacantes ingresarán al Erario del Estado.

Art. 3º.—Los Jueces de primera instancia darán aviso á la Colecturía respectiva de la radicación de cada testamentaría ó intestado. En esta ciudad el aviso se dará al Promotor Fiscal del Estado.

Art. 4º.—Todo inventario debe practicarse con citación del representante del fisco y concluirse dentro de los términos prescriptos por el Código civil. Si pasados éstos, no estuviere formado, el Colector de Rentas ó el Promotor Fiscal en su caso, ocurrirá al Juez para que mande formarlo con cargo á la mortual.

Art. 5º.—Si el representante del fisco no estuviere conforme con el avalúo de los bienes muebles, nombrará un perito y por el valor que fije éste, se hará el pago; sin perjuicio de que el interesado puede ocurrir á la Tesorería general en caso de inconformidad; pudiendo ésta si le pareciere conveniente para resolver, oír el parecer de otro perito. Para los efectos de esta ley, los bienes raíces tendrán el valor fijado en los catastros públicos.

Art. 6º.—Hecha la liquidación del caudal hereditario, se dará vista al representante del fisco para que fije la cantidad que según esta ley debe percibir; cuyo pago se exigirá desde luego, salvo los derechos que el albacea podrá ejercitar ante la Tesorería general en caso de inconformidad. Contra la resolución del Tesorero no habrá recurso alguno.

Art. 7º.—El impuesto de que habla esta ley se causa desde el momento en que se abra la sucesión. Los jueces no podrán aprobar la cuenta del albacea ni mucho menos la partición, sin que se haya agregado á los autos el certificado expedido por la oficina recaudadora que acredite haberse hecho el pago á que esta ley se refiere. Los Jueces que sin este requisito dieren su aprobación, serán penados con la pérdida del empleo y multa de 100 á 500 pesos.

Art. 8º.—Tanto en las escrituras de donación entre vivos como en las de protocolización ó reducción á escritura pública de las particiones de herencias, los escribanos insertarán en los testimonios el certificado que acredite que se ha satisfecho el impuesto de esta ley. Los notarios infractores de este artículo y los Directores del Registro público que hagan el registro de escrituras que no contengan este requisito, sufrirán la pena de 100 á 500 pesos de multa y pérdida de oficio. Sin dicha inserción, los instrumentos no harán fé en juicio.

Art. 9º.—En cualquier estado de juicio, después de aprobados los inventarios, pueden los interesados entrar en arreglos con la Tesorería general, sobre la cantidad que hayan de pagar, pudiendo ésta aceptar con aprobación del Gobierno, los que estime convenientes.

Art. 10.—No causan el impuesto:

I. Los bienes raices situados fuera del Estado, aun cuando formen parte del caudal hereditario de personas domiciliadas en el mismo Estado.

II. El capital líquido de la herencia ó donación que no llegue á mil pesos.

III. Los bienes cuya propiedad se transfiera por herencia y que hubieren causado ya impuesto, dentro de un período de dos años, contados desde el día en que se hizo el pago por sucesión anterior.

Art. 11.—Para los efectos de esta ley, serán representantes del fisco en esta ciudad, el Promotor Fiscal del Estado, y en los Departamentos, el Colector respectivo.

Art. 12.—Las herencias que hayan quedado vacantes con anterioridad á la fecha de esta ley, ingresarán á la Escuela Preparatoria del Estado.

Art. 13.—Las materias gravadas por esta ley, no pagarán ningún otro impuesto, quedando en consecuencia derogadas en este punto, las prescripciones preexistentes. Se deroga también el último inciso fracción 1ª letra A del art. 1º de la ley de 18 de Octubre de 1890.

El Ejecutivo dispondrá se imprima, publique, circule y cumpla.

Dado en el Salón de sesiones del H. Congreso del Estado, en Tuxtla Gutiérrez, á los veintiseis días del mes de Diciembre de mil ochocientos noventa y dos.—*Pomposo Castellanos*, D. P.—*Yendiel Moreno*, D. S.—*Manuel T. Corzo*, D. S.

Por tanto, mando se imprima, publique, circule y cumpla.

Palacio del Gobierno del Estado. Tuxtla Gutiérrez, Diciembre veinti-seis de mil ochocientos noventa y dos.—*Emilio Rabasa.*

LEY DE CATASTRO

Art. 1º. Con el fin de que el valor de la propiedad rústica del Esta-do se conozca y pueda disminuirse la cuota del impuesto relativo se proce-derá á la formación del Catastro.

Art. 2º. Dentro de ocho días de recibida esta ley en cada cabecera. de Departamento, los Jefes políticos formarán por duplicado lista de las fincas rústicas ubicadas en el territorio de su jurisdicción con expresión de los nombres de aquellas personas á quienes pertenezcan y municipali-dades en que se encuentren.

Art. 3º. Terminada la formación de las listas de que trata al artículo anterior, los Jefes políticos remitirán á la Tesorería general un ejemplar autorizado y el otro á la Colecturía de Rentas respectiva.

Art. 4º. En seguida dichos funcionarios distribuirán entre los propie-tarios ó administradores de las fincas listadas las cédulas que el Gobierno les habrá remitido de antemano para que, por medio de ellas y por dupli-cado, se haga la manifestación de la propiedad.

Art. 5º. Las manifestaciones contendrán:

I. Nombre del Departamento;

II. El de la municipalidad que corresponda;

III. Nombre de la finca al cual se añadirá el sobre nombre que la dis-tingue si hubiere otra llamada de la misma manera en el Departamento.

IV. Si los terrenos son de propiedad ó simple posesión de los que han pertenecido á los pueblos;

V. Extensión superficial y calidad del terreno;

VI. Cultivo á que se dedica é importancia de éstos, especificándolos por la cuenta ó medida usual que les sea propia;

VII. Máquinas, aparatos, útiles y enseres destinados á la explotación de la finca;

VIII. Número y calidad de las casas ó edificios destinados á habita-ción ó cualquier otro uso en la finca ó ranchos enclavados ó anexos á ella, y número de los sirvientes que contengan;

IX. Número de cabezas de ganado de cualquiera clase en ella exis-tente;

X. Valor de la finca;

XI. Si tiene ó nó el propietario fincas en otros Departamentos: nombre de éstas y municipalidad en que se hallen;

XII. Fecha y firma del propietario ó administrador.

Art. 6º. Llenadas las cédulas se devolverán dentro del término de quince días al respectivo Jefe político, quien remitirá inmediatamente un ejemplar á la Colecturía y otro á la Tesorería general, para que con ellas formen, aquélla el catastro del Departamento y ésta el del Estado.

Art. 7º. Están obligados á manifestar la propiedad rústica:

I. Los dueños ó poseedores y. en su defecto los administradores de fincas;

II. Los condueños de fincas proindiviso, respecto de la parte ó acción que les corresponda;

III. Los baldíos por el ganado que posean en las fincas en que habitan;

IV. Los Ayuntamientos, por los ejidos.

Art. 8º. Son fincas rústicas para los efectos de esta ley:

1. Las haciendas ó ranchos de ganado ó labranza;

II. Las minas y anexos;

III. Las salinas;

IV. Los terrenos destinados á cultivos, pastos y usufructos públicos.

Art. 9º. Toda falsa manifestación que produzca la disminución del valor real de una finca, será penada con una multa de cien á quinientos pesos. La misma pena se aplicará al que deje de manifestar los datos que previene esta ley.

Art. 10. Los propietarios, poseedores ó administradores de fincas tienen obligación de comunicar desde luego y en lo sucesivo á su Colecturía y ésta á la Tesorería general toda modificación que en aquéllas se verifique por cambio de nombre ó de dueño; por venta de una parte de terreno; por división de éste, creación de fincas nuevas, etc.

Art. 11. Tanto en las Colecturías como en la Tesorería general se llevarán libros especiales en que, abriéndose un registro á cada finca se anotarán las modificaciones á que se refiere el artículo anterior.

Art. 12. Se concede acción popular para denunciar las ocultaciones. El denunciante disfrutará del cincuenta por ciento del importe de la multa.

LEY SOBRE CALIFICACIÓN DE FINCAS RÚSTICAS

*EMILIO RABASA, Gobernador Constitucional del Estado Libre y Sobe-
rano de Chiapas, á sus habitantes, sabed: que en uso de la facultad
que me concede el decreto fecha 11 de Agosto último, he tenido á bien
decretar lo siguiente:*

Art. 1º. Para el pago del impuesto sobre fincas rústicas, se tendrá como
valor de cada una el que fijen las Juntas calificadoras ó en caso de reclamación, el que definitivamente señale como revisor el Tesorero del Estado. La
base para hacer la calificación, serán las manifestaciones que en cumplimiento de la ley de catastro hicieren de sus fincas los propietarios.

Art. 2º. Las manifestaciones y calificaciones se harán cada tres años,
ó antes, si el Ejecutivo lo dispusiere así, cuando, en su concepto, hubieren
cambiado las condiciones de las propiedades rústicas. Por esta vez, las Juntas se reunirán el día 20 de Septiembre, ó dentro de cinco días de recibida
esta ley en los Departamentos á donde no llegare oportunamente.

Art. 3º. Las Juntas calificadoras se compondrán del Jefe político del
Departamento, el Juez 1º. de 1ª. Instancia y el Presidente municipal de la
cabecera. El Colector de Rentas intervendrá como parte representando los
derechos del fiscó.

Art. 4º. Las manifestaciones de los propietarios quedarán en las Jefaturas respectivas á disposición de los Colectores, á fin de que puedan imponerse de ellas con anticipación, y reclamar en su oportunidad contra aquellas en que hubiere ocultación.

Art. 5º. Reunida la Junta departamental calificadora y presente el Colector de Rentas, se procederá en primer lugar á la rectificación de listas,
exitando á los que no hubieren presentado sus manifestaciones á que lo hagan en un término breve, si fuere por causas admisibles, ó imponiéndoles
multa de cinco á veinte pesos si fuere por morosidad. La renuencia á manifestar se castigará con multa de cien á quinientos pesos. Las manifestaciones que ocho días después de la primera Junta no se hubieren presentado,
serán suplidas por la calificadora.

Art. 6º. Los Jefes políticos remitirán las manifestaciones de sus propiedades y las de los demás miembros de las Juntas, incluso los Colectores,
á la Secretaría de Gobierno, para que su calificación se haga por una comisión que el mismo Gobierno nombrará y que quedará sujeta á las reglas y
penas señaladas para las Juntas departamentales.

Art. 7º. La Junta departamental será presidida por el Jefe político,
fungiendo como Secretario, sin voz ni voto, el de la Jefatura, quien levan-

tará acta de cada sesión, subscribiéndose por los miembros de la Junta y el Colector después de ser aprobada.

Art. 8º. Hecha la rectificación de listas, se examinarán una por una las manifestaciones presentadas, y la Junta votará respecto de cada una de ellas: 1º. Si hay ó nó ocultación á su juicio: 2º Si el avalúo es bueno. Si á su juicio hubiere ocultación reformará la manifestación en los términos que crea justos. Lo mismo se hará en seguida con respecto al avalúo.

Art. 9º. El Colector como representante fiscal, está obligado á pedir la reforma de la manifestación y el avalúo siempre en uno ú otro hubiere perjuicio para la Hacienda pública, y á protestar contra la resolución de la Junta si produjere dicho perjuicio. Sólo la constancia en el acta de su petición ó su protesta, le salvarán de la responsabilidad consiguiente, que el Tesorero exigirá al revisar.

Art. 10. Siempre que una votación resulte por mayoría, se asentará nominalmente en el acta, á fin de que conste quienes son responsables del resultado.

Art. 11. Si al hacerse las calificaciones apareciere que una finca no ha sido manfestada por no haberla comprendido en sus listas el Jefe político ó por cualquier otro motivo, sin culpa del propietario, la Junta suplirá la manifestación y avalúo correspondientes, mandando notificar al causante.

Art. 12. Concluído todo el trabajo se mandarán fijar en parajes públicos tres ejemplares por lo menos de las calificaciones hechas. En las listas constará el nombre de la finca, valor calificado y nombre del dueño ó poseedor. Los interesados pueden ver en la Jefatura política los pormenores de la calificación, para representar ante el Tesorero si se creyeren agraviados.

Art. 13. Las Juntas al hacer sus calificaciones tendrán presentes las siguientes bases:

I. Valorizar los terrenos, plantíos, ganados etc., por el precio que generalmente tengan en el Departamento, pero haciendo prudente diferencia por las distintas calidades.

II. Considerar, al clasificar los terrenos, su condición natural primitiva, y no la que la industria del propietario le hubiere dado en virtud de obras importantes que los beneficien.

III. Atribuir más valor á los terrenos cuyos productos por la proximidad de un puerto, río navegable. carretera ó población de consumo, sean fáciles de transportar ó vender.

IV. No considerar en el avalúo los terrenos, sino cuando sean de propiedad ó posesión en ejidos.

Art. 14. Quedan exentos de esta contribución, y por tanto no se comprenderán en los avalúos:

I. Las casas de habitación del propietario ó los trabajadores y los edificios ó construcciones para beneficio ó almacenaje de frutos y mejoramiento de tierras.

II. Los plantíos que, debiendo tardar más de dos años desde la siembra para fructificar, no estuviesen todavía en estado de fructificación; pero deben darse de alta cuando lleguen á la edad que para dicho estado requieran

III. Las máquinas aplicables á la agricultura.

IV. El ganado extranjero que para mejoramiento de razas se traiga

Art. 15. Quedan excentos también del pago de esta contribución por el término de seis años, contados desde la fecha de la presente ley, los cultivos de plantas que hasta hoy no se hayan cultivado en el Estado, aun cuando existan en la actualidad en estado silvestre

Art. 16. Las calificaciones deberán quedar concluídas dentro de quince días de comenzadas. Los propietarios que se creyeren agraviados por la calificación, podrán dirigir ocurso en que expongan las razones en que funden su inconformidad, ya á la Junta misma, ya directamente al Tesorero general. Acompañarán á ella las pruebas que aduzcan en documentos originales ó copias certificadas por el Jefe político.

Art. 17. Las actas de las Juntas, listas de calificaciones, las reclamaciones y pruebas, le remitirán al Tesorero general dentro de ocho días de concluirse los trabajos.

Art. 18. El Tesorero, oyendo al Promotor fiscal del Estado y al interesado si estuviere presente, resolverá en definitiva sobre cada manifestación y avalúo. Tanto uno como otro podrán pedir, en caso de no avenirse, que se inventaríe y avalúe por peritos la propiedad de que se trate, y el Tesorero ordenará la práctica de la diligencia. Cada uno nombrará un perito, y los dos nombrados el tercero en discordia, y las costas de la diligencia serán por cuenta del propietario, si resultare su propiedad con valor mayor del fijado por él en la discusión, ó por cuenta del fisco si resultare menor.

Art. 19. Si el Promotor pidiese que se aumente una manifestación ó avalúo sobre lo determinado por la Junta, se notificará al interesado esta resolución, á fin de que, si reclamare, se le oiga y el Tesorero resuelva en definitiva.

Art. 20. Si en los casos de los dos artículos anteriores llegare la época del pago sin que las diligencias hayan concluído, el Tesorero fijará provisionalmente el monto del capital sin perjuicio de hacer la devolución del exceso si la resolución posterior fuere favorable al causante, ó de exigir á éste el deficiente si le fuere adversa.

Art. 21. El valor fijado á una finca para el pago de contribuciones servirá para todos los casos de remate fiscal ó judicial, para la indemnización en caso de expropiación por causa de utilidad pública, para calificar si es bastante en las fianzas ó en las hipotecas en favor de instituciones públicas y en general para todo acto en que oficialmente se necesite conocer el valor de una propiedad.

Art. 22. Los notarios, antes de expedir testimonio de escritura de venta de una finca, dirigirán oficio al Colector respectivo manifestándole el precio estipulado y preguntándole si la finca está al corriente en sus pagos. El testimonio no se expedirá sino cuando el Colector conteste estar satisfecha la Hacienda pública, contestación que se agregará al protocolo, insertándose en el testimonio. Si el precio denunciado fuere mayor que el en que esté calificada la finca, aquél se tendrá en lo sucesivo como valor oficial para el pago del impuesto y demás efectos de esta ley. El notario que expidiere un testimonio sin el requisito que este artículo señala, será castigado con multa de 50 á 200 pesos y pérdida de oficio.

Art. 23. La acción del fisco es real para el cobro del impuesto; en consecuencia, la facultad económico-coactiva se ejercerá sobre la finca deudora aun cuando haya pasado á otro dueño.

Art. 24. Las multas impuestas por las Juntas pueden ser revisadas por el Tesorero, si el multado lo pide así. La multa en tal caso no se hará efectiva sino cuando el Tesorero la confirme.

Art. 25. En cualquier tiempo en que apareciere que una finca no figura en el catastro, es obligación del Colector denunciarla ante la Junta para que se obligue al propietario á manifestarla, se le imponga la pena á que se haya hecho acreedor y se le cobren las contribuciones que haya dejado de pagar.

Art. 26. Al establecerse una finca nueva, el propietario está obligado á denunciarla para que se califique y dé de alta. Si no lo hiciere, se practicará en su caso lo que dispone el artículo anterior.

Art. 27. El Tesorero general y los miembros de las Juntas se excusarán de conocer en las calicaciones de fincas pertenecientes á sus padres, cónyuges ó hermanos. En caso de excusa, el Tesorero será sustituído por el Contador de la Tesorería y los miembros de las Juntas por los Regidores del Ayuntamiento de la cabezera, según su orden numérico. El Promotor fiscal y los Colectores no pueden excusarse en ningún caso.

Art. 28. El miembro de la Junta que votare en favor de una manifestación fraudulenta ó de un avalúo notoriamente bajo, con perjuicio del Fisco, será castigado con multa de 50 á 200 pesos y destitución de empleo ó cargo. La misma pena se impondrá al Colector que no pida contra dichas manifestaciones ó avalúos, ó que no proteste contra una mala resolución de la Junta.

Art. 29. Tanto estas penas como las que merezcan los manifestantes por ocultación, serán impuestas por el Tesorero al revisar. La destitución se hará por el Gobierno, previo aviso del Tesorero general.

Art. 30. Las bajas sólo son admisibles, después de la calificación, cuando excedan de la quinta parte del valor de una finca. En tal caso se denunciarán ante el Jefe político; éste reunirá á la Junta para que resuelva en el término de cinco días prorrogable hasta treinta si hubiere que practicar diligencias y la resolución se comunicará al Tesorero para que determine su definitiva, dentro de los mismos términos señalados por la Junta. El contribuyente seguirá pagando conforme el avalúo vigente hasta que el Tesorero resuelva, pues concedida la baja, se le hará devolución, retrotrayendo el beneficio á la fecha en que se hizo la denuncia.

Art. 31. En la ciudad de Tuxtla Gutiérrez, el Jefe de la Sección de Recaudación en la Tesorería sustituirá al Colector de Rentas para todos los efectos de esta ley.

Por tanto, mando se imprima, publique, circule y cumpla.

Palacio del Gobierno del Estado. Tuxtla Gutiérrez, Septiembre ocho de mil ochocientos noventa y dos.—*Emilio Rabasa.*

———

"*EMILIO RABASA, Gobernador Constitucional del Estado Libre y Soberano de Chiapas, á sus habitantes sabed: que en uso de la facultad que me concede el art. 2º de la ley de 23 de Diciembre del año próximo pasado, he tenido á bien expedir el siguiente decreto:*

Art. 1º. Se reforma el art. 22 del decreto de 8 de Septiembre del año anterior en los términos siguientes:

"Los notarios antes de expedir testimonio de escritura que importe translación de dominio, de una finca ó fracción de ella, dirigirán oficio al Colector respectivo manifestándole el precio estipulado y preguntándole si la finca está al corriente en sus pagos. El testimonio no se expedirá, sino cuando el Colector conteste estar satisfecha la Hacienda pública, contestación que se agregará al protocolo, insertándose en el testimonio.

Si el precio denunciado fuere mayor que el en que esté calificada la finca, aquél se tendrá en lo sucesivo como oficial para el pago del impuesto y demás efectos de esta ley. El notario que expidiere un testimonio sin los requisitos que este artículo señala, será castigado con multa de 50 á 200 pesos y pérdida de oficio.

Art. 2º.—Siempre que por cualquiera de las operaciones á que se refiere el artículo anterior se fraccione una finca, se deducirá el valor de éstas del total en que aquélla figure inscrita en el Catastro, abriéndose cuenta á cada uno de los nuevos poseedores por la cantidad que le corresponda para el pago de sus contribuciones. Si el valor de las porciones vendidas es igual ó excede al en que estaba calificada la finca, quedándole al vendedor una parte de ella, la denunciará en la misma forma que esta ley previene para los efectos de la misma.

Por tanto, mando se imprima, publique, circule y cumpla.

Palacio del Gobierno del Estado. Tuxtla Gutiérrez, Agosto once de mil ochocientos noventa y tres.—*Emilio Rabasa.*

LEY DE RENTAS MUNICIPALES.

"*EMILIO RABASA, Gobernador Constitucional del Estado Libre y Soberano de Chiapas, á sus habitantes sabed: que el Congreso del mismo ha tenido á bien expedir el siguiente decreto*:

El XVII Congreso Constitucional del Estado Libre y Soberano de Chiapas, en nombre del pueblo, decreta:

Art. 1º.—Las rentas municipales, en todas las poblaciones del Estado, se formarán del producto de los impuestos siguientes:

I. Contribuciones impuestas por la ley de 4 de Mayo de 1887.

II. Contribución del seis al millar, sobre el valor de toda finca urbana cuyo precio exceda de doscientos pesos.

III. Contribución de 25 centavos á 3 pesos mensuales sobre profesiones y ejercicios lucrativos.

IV. Contribución de 3 á 5 al millar, sobre el valor de los terrenos eriazos, dentro de los límites que marque el Reglamento.

V. Contribución por derecho de patente de los establecimientos mercantiles, industriales, talleres y cualesquiera otros que tengan un objeto de lucro.

VI. Contribución por licencia para diversiones públicas.

Art. 2º—El Ejecutivo reglamentará esta ley, reformando, si fuere necesario, la ley de 4 de Mayo de 1887.

Art. 3º.—El impuesto sobre fincas urbanas será diferencial en favor de las que, en adelante, se construyan de ladrillo ó piedra, ó de las que se fabriquen con azotea ó cornisa exterior.

Art. 4º.—Del producto total de la contribución sobre fincas urbanas corresponderá un diez por ciento al Erario del Estado.

Geografía 22

Art. 5º.—Esta ley comenzará á regir el día 1º de Marzo próximo. Las fincas urbanas comprendidas en las manifestaciones de capital mercantil y mobiliario, comenzarán á pagar el nuevo impuesto desde el día 1º de Mayo, fecha desde la cual quedará reformada la fracción II art. 1º de la ley de Ingresos vigente, en los siguientes términos:

II. El uno y medio por ciento anual sobre fincas rústicas ubicadas en terrenos de propiedad y en egidos y sobre todo capital mercantil y dineros á mutuo: ley de 19 de Noviembre de 1884 y su reforma de 6 de Febrero de 1885.

Art. 6º.—Se deroga la fracción IV del art. 9º de la ley de 19 de Noviembre de 1884, y el número 67 del art. 2º de la ley de 4 de Mayo de 1887.

El Ejecutivo dispondrá se imprima, publique y circule.

Dado en el Salón de sesiones del Congreso en San Cristóbal Las-Casas, á los quince días del mes de Enero de mil ochocientos noventa y dos.—*Manuel T. Corzo*, D. P.—*Abel Rivera*, D. S.— *Yeudiel Moreno,* D S.

Por tanto, mando se imprima, publique y circule y se le dé el debido cumplimiento.

Palacio del Gobierno del Estado. San Cristóbal Las-Casas, Enero quince de mil ochocientos noventa y dos.—*Emilio Rabasa.*

"*EMILIO RABASA, Gobernador Constitucional del Estado Libre y Soberano de Chiapas, á sus habitantes sabed: que en uso de la facultad que me concede el art. 2º del decreto de 15 de Enero último, he tenido á bien decretar el siguiente*:

REGLAMENTO DE LA LEY DE IMPUESTOS MUNICIPALES

CAPÍTULO I

DE LAS CONTRIBUCIONES IMPUESTAS POR LA LEY DE 4 DE MAYO DE 1887.

Art. 1º.—Se suprimen en el Estado las alcabalas que á título de derechos por introducción de los municipios, han pagado los efectos nacionales y extranjeros. En consecuencia, éstos podrán en lo sucesivo circular libremente, sin que ninguna autoridad tenga facultad para detenerlos ni registrarlos.

Art. 2º.—Las multas impuestas por los Presidentes municipales, Alcaldes y demás autoridades locales, continuarán ingresando á los fondos de los respectivos Ayuntamientos.

Art. 3º.—La tarifa establecida por la ley de 4 de Mayo de 1887, queda reducida á los impuestos siguientes:

1. Aguas bajo cubierta:
Merced de agua económica, setenta y cinco centavos mensuales.
Paja de agua corriente: dos pesos.

2. Aguas por zanja descubierta: por cada merced: cincuenta centavos.

3. Almonedas: el uno por ciento sobre el valor de los efectos rematados.

4. Bestias mulares: por cada una que se venda, cincuenta centavos.

5. Id. caballares, id. id., veinticinco centavos.

6. Burros, id. id., veinticinco centavos.

7. Id. maestros id. id., setenta y cinco centavos.

8. Carros y carretas matriculados en el Ayuntamiento al mes, veinticinco centavos.

9. Carros y carretas no matriculados: por cada vez que entren en la población, tres centavos.

10. Corrales de alquiler, propiedad de los Ayuntamientos: cada cabeza de ganado que en ellos se encierre, por cada noche, un centavo.

11. Corrales de alquiler de propiedad particular: al mes, veinticinco centavos.

12. Licencias para juegos de gallos: por cada día: de dos á cinco pesos.

13. Licencias para festividades que no tengan carácter oficial y en que se quemen cohetes ó cámaras: de cincuenta centavos á diez pesos.

14. Licencias para músicas en las calles, durante la noche: un peso.

15. Licencias para loterías de números y otros juegos análogos: por cada día ó noche, cincuenta centavos.

16. Licencias para rifas de cualquier género: 3 por ciento sobre el producto total.

17. Matanza de ganado vacuno para la venta: por cada cabeza, setenta y cinco centavos.

18. Matanza de ganado porcino para la venta: por cabeza veinticinco centavos.

19. Matrículas por fierros y marcas: por cada registro, un peso.

20. Paso de ríos en canoa: la cuota establecida en cada localidad.

21. Pisos para garitas en que se expendan licores ó comestibles en las ferias: vara, cincuenta centavos.

22. Pisos para cocinas en las ferias: vara, cincuenta centavos.

23. Pisos para tiendas de ropa, mercería ó cualquiera otra mercancía, durante feria: vara, un peso.

24. Puestos que se establezcan en los portales, durante feria: vara, un peso.

25. Puestos que se establezcan en los portales, de efectos no comestibles: fuera de feria: por cada uno, diario, siete centavos.

26. Id. id. que permanezcan más de un mes, un peso cincuenta centavos mensuales.

27. Vendedores con lugar fijo en la plaza, donde no haya mercado construído, según la extensión que ocupen, de uno á tres centavos diarios.

28. Regatones ambulantes de efectos extranjeros, tres centavos diarios.

29. Títulos profesionales: por cada uno que se expida, cinco pesos.

Art. 4º.—La falta de licencia en los casos en que conforme á la tarifa se requiere, será castigada con una multa de dos á veinte pesos.

Art. 5º.—Los Ayuntamientos en las poblaciones de ladinos y los Jefes políticos en las de indígenas, pueden rematar los productos de la tarifa anterior. Uno y otro en su caso, fijarán la base del remate y éste se verificará después de ocho días de anunciado en el lugar y á la hora señalada en el anuncio. De todo lo que en el remate ocurra, se levantará acta y dentro de cinco días se otorgará la escritura respectiva.

CAPÍTULO II

DE LA CONTRIBUCION SOBRE FINCAS URBANAS.

Art. 6º.—La contribución sobre fincas urbanas, se pagará sobre el valor de éstas en la proporción siguiente:

I. Casas de adobe y teja sin cornisa exterior: seis al millar anual.

II. Casas de adobe y teja, con cornisa exterior: cinco al millar.

III. Casas de adobe con azotea: cuatro al millar.

IV. Casas de ladrillo ó piedra con tejado, sin cornisa: cinco al millar.

V. Casas de ladrillo ó piedra con tejado y cornisa: cuatro al millar.

VI. Casas de ladrillo ó piedra con azotea: tres al millar.

Art. 7º.—Se exceptúan del pago de esta contribución:

I. Las fincas de propiedad de la Federación, del Estado ó de los municipios.

II. Las que valgan menos de doscientos pesos.

III. Las que se hallen en reedificación, por solo el tiempo que no estuvieren útiles para habitarse, y siempre que los propietarios den aviso por escrito al Ayuntamiento respectivo al empezar la reconstrucción.

IV. Las fincas al servicio de Instituciones de Beneficencia ó Instrucción pública gratuita, mientras estén destinadas á estos objetos.

Art. 8º.—Se considerarán como fincas urbanas, para los efectos de esta ley, las comprendidas en el radio de las poblaciones, aun cuando tengan anexo un solar destinado á cultivo.

Art. 9º.—Sólo podrán comprenderse en las clases II y V los edificios que tengan cornisa en toda la línea de la calle ó calles sobre que estén construídos.

Art. 10.—Para que pueda clasificarse un edificio como de azotea, deberá ser de esta construcción en toda la parte que dé á la calle. Para ser considerado de ladrillo ó piedra, deberá contener por lo menos tres cuartas partes de este material.

Art. 11.—Para ninguna clasificación se tendrán en cuenta las simples bardas ó paredes que limiten el solar por la parte exterior.

Art. 12.—En el avalúo de las fincas se comprenderá el valor del edificio, el del terreno que ocupe y el de cualquier otro que le esté anexo comunicado con aquél y perteneciente al mismo propietario.

Art. 13.—Se considera como finca urbana y no como terreno eriazo, todo solar en que haya un edificio cuyo valor llegue á cien pesos, aun cuando el de aquél sea mayor. Si el edificio no alcanzare el valor mencionado, la propiedad se clasificará entre los eriazos.

Art. 14.—Los propietarios de fincas en construcción ó reconstrucción, están obligados á participar al Ayuntamiento respectivo la conclusión de la obra, aunque el edificio no sea utilizado desde luego, para que sean inscritas en el catastro de la propiedad afecta al pago de contribución, previa la calificación respectiva.

Art. 15.—Las casas en construcción dejarán de pagar el impuesto desde la fecha en que el Ayuntamiento así lo acuerde, previos los trámites que estime conducentes.

CAPÍTULO III

DEL DIEZ POR CIENTO SOBRE LA CONTRIBUCION DE FINCAS URBANAS.

Art. 16.—Los Tesoreros municipales abrirán en sus contabilidades una cuenta denominada: "Hacienda del Estado.—10 por ciento sobre contribución de fincas urbanas."

Art. 17.—Los Municipios darán aviso á la Tesorería y al Colector correspondiente de las altas y bajas de fincas sujetas al pago de la contribución; pero siempre se computarán éstas por bimestres y no desde la fecha en que ocurrieren.

Art. 18.—Al fin de cada uno de los meses de Abril, Septiembre y Diciembre de cada año, los Municipios remitirán á la Tesorería general, noticia de los rezagos de esta contribución, expresando las causas que hayan impedido el cobro, para que dicha oficina declare ó nó la baja en la cuenta de responsabilidad del respectivo Colector.

Art. 19.—Los Tesoreros municipales justificarán la entrega de fondos con el certificado de entero que les expedirán los Colectores, y éstos harán los asientos correspondientes, comprobándolos con los oficios de remisión que aquéllos les dirijan.

Art. 20.—Los cortes de caja y balanzas de los Ayuntamientos serán revisados por los Colectores, expresando al calce su conformidad.

CAPÍTULO IV

DE LA CONTRIBUCIÓN SOBRE TERRENOS ERIAZOS.

Art. 21.—Dentro de ocho días de recibido este Reglamento, los Ayuntamientos de las cabeceras señalarán el perímetro dentro del cuál se causará el impuesto sobre terrenos eriazos, determinándolo por calles ó de otra manera conveniente, y comprendiendo dentro de él la mejor parte de la población, ó que resulte perjudicada en su ornato por los terrenos sin construcción, y sin atenerse para designar el perímetro al centro comercial ó plaza principal del lugar. Este perímetro se revisará y podrá ensancharse por los mismos Ayuntamientos cada tres años en la segunda quincena de Octubre.

Art. 22.—Este impuesto sólo se causará en las cabeceras de Departamento.

Art. 23.—Los eriazos se clasificarán por las Juntas respectivas en tres clases, comprendiéndose en la primera los situados en los lugares más céntricos, más concurridos ó de más ornato de la población, y pagarán:

1ª clase.—Cinco al millar anual.
2ª   „   Cuatro al millar.
3ª   „   Tres al millar.

Art. 24.—Cuando sobre un terreno eriazo se comience una construcción cuyo valor haya de exceder de cien pesos, previo aviso al Ayuntamiento y declaración de éste, dejará de causarse el impuesto; pero el Ayuntamiento deberá revocar la concesión, siempre que se comprenda por la suspensión de la obra ó morosidad en ella, que es sólo un medio de eludir el pago de la contribución.

CAPÍTULO V

DE LA CONTRIBUCION SOBRE PROFESIONALES Y EJERCICIOS LUCRATIVOS.

Art. 25.—Causan este impuesto todos los profesores con título reconocido y los que se dediquen á algún ejercicio lucrativo, de los designados en la siguiente

TARIFA	CUOTAS MENSUALES	
	Mínimum.	Máximum.
Abogados...........................	$ 0 25 cts.	$ 3 00
Agentes de negocios judiciales sin título	1 00 ,,	,, 3 00
Agrimensores	0 25 ,,	,, 2 00
Dentistas con título ó sin él...............	,, 1 00 ,,	,, 3 00
Farmacéuticos.....................	,, 0 50 ,,	,, 2 00
Ingenieros......................	,, 0 50 ,,	,, 2 00
Médicos alópatas ú homeópatas............	,, 0 50 ,,	,, 2 00
Ministros de cualquier culto............	,, 0 50 ,,	,, 2 00
Notarios.......................	,, 0 50 ,,	,, 2 00

Art. 26.—Los que tuvieren más de un título ó se dedicaren á varios ejercicios lucrativos, serán cuotizados por uno solo de ellos, tomándose por base el que tenga cuota más elevada.

Art. 27.—Quedan exceptuados del pago de contribución:

I. Los que por impedimento físico no ejerzan su profesión.

II. Los que por sentencia judicial tengan prohibición de ejercerla.

Art. 28.—En la segunda quincena del mes de Octubre de cada año, las personas á quienes este capítulo se refiere, manifestarán por escrito y bajo promesa de decir verdad, ante el Ayuntamiento de su residencia, su nombre, domicilio y profesión ó el ejercicio á que se dediquen.

Art. 29.—La falta de manifestaciones, será suplida por el Ayuntamiento respectivo, sin perjuicio de imponer al omiso una multa de cinco á veinte pesos y exigirle el pago de las cuotas vencidas.

Art. 30.—Los que adquieran un título ó se dediquen á algún ejercicio lucrativo; los que dejen de estar exceptuados ó se establezcan en un Municipio, después de la época señalada en el artículo anterior, lo manifestarán así ante el Ayuntamiento, con las mismas formalidades indicadas.

CAPÍTULO VI

DE LA CONTRIBUCIÓN DE PATENTE.

Art. 31.—Causan el derecho de patente los establecimientos mercantiles, industriales y talleres, conforme á la siguiente:

TARIFA	CUOTAS MENSUALES.	
	Mínimum	Máximum
Almacenes de efectos extranjeros ó del país....$	10 00 cts. $	100 00
Boticas........................	2 00 „ „	8 00
Billares, por cada mesa.....................	„ 50 „ . „	1 00
Boliches, „ „ „	„ 25 „ „	„ 00
Casas de empeño.........................„	5 00 „ „	25 00
Cantinas.............................„	2 00 „ „	10 00
Cafés ó fondas............................	„ 25 „ „	1 00
Curtidurías cuyo capital exceda de $ 200 ......„	1 00 „ „	5 00
Depósito de madera para venta..............„	„ 50 „ „	3 00
Fábricas de licores y aguardientes ....„	2 00 „ „	10 00
Fábricas de puros ó cigarros cuyo capital exceda de $ 200 ....„	2 00 „ „	15 00
Hoteles y casas de huéspedes ....„	1 00 „ „	3 00
Mercerías y jugueterías...................„	1 00 „ „	3 00
Molinos de trigo......................„	3 00 „ „	10 00
Tiendas de abarrotes, lencería ó mixtas que tengan más de $ 500 de capital. ....„	1 00 „ „	20 00
Tiendas ó expendios de frutos de fincas rurales, de la propiedad de los dueños de éstas	„ 50 „ „	5 00
Tendajones en que se expendan licores	1 00 „ „	5 00
Zapaterías (fábricas) cuando el capital exceda de $ 200.................. ....„	1 00 „ „	10 00

Art. 32.—Las fábricas, talleres ó cualquiera otra clase de Establecimiento industrial, no comprendidos en la tarifa y cuyo capital exceda de doscientos pesos, pagarán la cuota que marcarán las Juntas calificadoras, sin exceder de dos pesos mensuales.

Art. 33.—Sobre la cuota que á cada causante se señale por derecho de patente en los Municipios de San Cristóbal, Tuxtla y Comitán, se pagará un 20 por ciento con destino al Hospital respectivo.

Art. 34.—Para la clasificación de almacenes y tiendas, se reputarán almacenes los establecimientos que efectúen ventas al por mayor; pero cuando en una misma casa comercial se comprendan ambas negociaciones, se pagará por una y otra.

Art. 35.—Los establecimientos afectos al pago que en lo sucesivo se abrieren al público, deberán ser denunciados por sus propietarios al Ayuntamiento respectivo antes de la apertura, para su calificación, bajo pena al que no lo hiciere de multa de cinco á veinticinco pesos, sin perjuicio del pago de las contribuciones vencidas.

Art. 36.—Los almacenes, tiendas ó cualquier establecimiento de los gravados por este Reglamento, que se pongan al público durante una feria ó temporalmente, pagarán la cuota que fije el Ayuntamiento de conformidad con la tarifa, pero considerándose doblados el mínimum y el máximum. El pago se hará por un mes, aun cuando el establecimiento permanezca menos tiempo abierto.

Art. 37.—Los comerciantes cuotizados en una plaza, no pagarán nuevo derecho de patente por tiendas abiertas sólo durante una feria que se verifique dentro de su Municipio. Las vinatas ó cantinas no gozan de esta excención.

Art. 38.—Los vendedores ambulantes pagarán las cuotas que señalen los Ayuntamientos, del modo siguiente:

I. Buhoneros ó varilleros de objetos de mercería, de dos á veinte centavos diarios.

II. Vendedores de rebozos, zarapes ú otros efectos del país, de cinco á cincuenta centavos diarios.

III. Vendedores de alhajas de plata ú oro, de cincuenta centavos á dos pesos diarios.

CAPÍTULO VII.

DEL IMPUESTO SOBRE DIVERSIONES PUBLICAS.

Art. 39.—Las diversiones públicas que se verifiquen en sitio habitual ó accidental destinado al efecto, pagarán por licencia el valor de ocho boletos de entrada personal á la localidad más cara.

CAPÍTULO VIII.

DE LAS JUNTAS CALIFICADORAS.

Art. 40.—Luego que en cada cabecera se reciba este Reglamento, el Ayuntamiento nombrará las juntas calificadoras que fueren necesarias en la forma siguiente:

Geografía 23

I. Una ó más, según la extensión de la población lo requiera, compuesta cada una de tres vecinos de notoria probidad, para el avaluo de las fincas urbanas y terrenos eriazos. En caso de ser varias las Juntas, á cada una se señalará la demarcación que le corresponda.

II. Una compuesta de tres individuos afectos al pago del impuesto de profesiones y ejercicios útiles, para la calificación de las cuotas que por él deban imponerse á cada persona.

III. Una de tres comerciantes, industriales ó dueños de establecimientos que hayan de pagar el derecho de patente, para las calificaciones relativas á este impuesto.

Art. 41.—En las demás poblaciones sólo se nombrará una junta, en la forma que expresa la fracción I del artículo anterior, que servirá para todas las calificaciones.

Art. 42.—Las Juntas se renovarán en el tercer año de su nombramiento, en la primera quincena de Noviembre, sin perjuicio de cubrirse desde luego las vacantes que ocurran por muerte, renuncia, ausencia ó cualquiera otra causa.

Art. 43.—Dentro de quince días de nombradas, cada Junta calificadora presentará á la revisora la lista que hubiere formado de su respectivo ramo con la calificación correspondiente.

Art. 44.—Las Juntas á que se refiere el artículo 40, se sujetarán á las instrucciones siguientes, para hacer la calificación:

I. Las de la fracción I tendrán en cuenta la extensión del terreno, materiales de construcción, estado actual y ubicación de los edificios.

II. Las de la II sin tomar en consideración el capital de cada individuo, se atendrán á la utilidad que éste alcance de la profesión ó ejercicio de que tenga título ó á que se dedique, ya por los productos de la clientela ó ó por sueldo que disfrute. Los profesores que ni ejerzan ni desempeñen empleo público, deberán pagar el mínimun.

III. Las de la III se atenderán á la importancia de las operaciones de cada giro ó establecimiento, teniendo en cuenta que al calificarlo, deben separar de él cualquier capital, negociación ó industria que separadamente explote el propietario de aquél.

Art. 45.—El cargo de miembro de las Juntas calificadoras es gratuito y obligatorio, y sólo renunciable por causa que imposibilite para su desempeño.

CAPITULO IX.

DE LAS JUNTAS REVISORAS.

Art. 46.—Las Juntas revisoras en las cabeceras de Departamento se compondrán del Jefe Político, el Presidente municipal y el Colector de Rentas, bajo la presidencia del primero. En la capital sustituirá al Colector el Jefe de la Sección de recaudación de la Tesoreria general. En las demás poblaciones formarán las Juntas el Presidente municipal, el Síudico y un vecino nombrado por el Ayuntamiento.

Art. 47.—La Junta, luego que reciba las listas de las calificadoras, mandará fijar copias de ellas en lugares públicos aparentes, cuidando de que permanezcan fijadas por lo menos siete días. Durante este plazo, los interesados podrán dirigir por escrito á la Junta las observaciones que creyeren convenientes, sobre la calificación que les corresponda, á fin de que aquélla las tenga á la vista para formar la calificación definitiva. Pasados los siete días, sólo podrán admitirse observaciones por causa posterior que haya hecho disminuir el valor ó rendimiento de lo gravado.

Art. 48.—Las Juntas revisoras podrán aumentar las cuotas fijadas por las calificadoras cuando las encuentren bajas; pero no podrán reducir las que á su juicio sean altas, sino á petición del interesado.

Art. 49.—Cuando aumenten alguna cuota y el interesado se creyere agraviado, podrá ocurrir al Ayuntamiento, quien con vista sólo de las calificaciones, resolverá á pluralidad de votos si subsiste la hecha por la Junta calificadora, la de la revisora ó el término medio preciso entre una y otra.

Art. 50.—Las Juntas revisoras deberán concluir su trabajo dentro de siete días, contados desde el vencimiento del término que señala el artículo 47, y mandarán fijar las modificaciones que haya acordado, en parajes públicos aparentes, y remitirán los trabajos de las calificadoras y copias de estas modificaciones al Ayuntamiento. Los agraviados podrán hacer uso del derecho que les concede el artículo anterior, dentro de tres días de hecha la publicación á que éste se refiere.

Art. 51.—Los Ayuntamientos resolverán, dentro de cinco días de recibidos aquellos documentos, las reclamaciones que autoriza el artículo 49; formarán en seguida con aquellos datos las listas definitivas, remitiendo un ejemplar de todas ellas á su Tesorería. (De la relativa á fincas urbanas remitirán además un ejemplar á la Colecturia del Departamento y otro á la Tesoreria general).

CAPÍTULO X.

PREVENCIONES GENERALES.

Art. 52.—Todas las cuotas fijadas en el presente Reglamento se entienden con exclusión del 25 p⅋ federal que se pagará por separado.

Art. 53.—Las contribuciones de cuota mensual de que trata este Reglamento, se pagarán por bimestres adelantados en la primera quincena del período, concurriendo los causantes á la Tesorería municipal, que les otorgará el recibo correspondiente.

Art. 54.—Los que no hicieren el pago en dicho plazo, deberán hacerlo en la segunda quincena con el recargo de un diez p$. Pasado el primer mes, los Tesoreros municipales harán uso de la facultad económico-coactiva, exigiendo el recargo de 20 p$ más los gastos de ejecución.

Art. 55.—Los miembros de las Juntas calificadoras ó los particulares que en su caso integren las revisoras, que se nieguen á desempeñar la comisión que les corresponda, sin causa aceptada por el Ayuntamiento respectivo, serán castigados con una multa de cinco á veinticinco pesos que el mismo Ayuntamiento les impondrá, y en caso de insistir en la desobediencia, serán consignados al Juez competente para que les aplique las penas del artículo 904 del Código penal.

Art. 56.—Las calificaciones se harán cada tres años en los meses de Noviembre y Diciembre, luego que se renueven las Juntas calificadoras.

Art. 57.—Las Juntas se reunirán cada vez que sean citadas por el Ayuntamiento respectivo, para las calificaciones que accidentalmente deban hacerse, con motivo de las altas que ocurran. El rebajo de cuotas se hará por el Ayuntamiento mismo; pero sólo en el caso de que el valor de la cosa gravada haya sufrido quebranto, ó las utilidades del que se dedica á profesión ó ejercicio lucrativo hubieren disminuído notoriamente.

Art. 58.—Los Ayuntamientos cuidarán de ministrar á las Juntas calificadoras las sumas que necesiten para los gastos relativos á su encargo.

Art. 59.—Los miembros de las juntas calificadoras y revisoras y los los de los Ayuntamientos que á sabiendas hagan una calificación indebida, serán responsables por los daños que causen á la hacienda municipal ó á los causantes.

Art. 60.—Cuando en una población se construya un mercado, el Ayuntamiento fijará las cuotas que deban pagarse por cada puesto, y consultará la aprobación del Gobierno.

Art. 61.—Los fondos de los Ayuntamientos se destinarán de preferencia á la alimentación de presos. Sólo después de cubierto debidamente este gasto podrán hacerse los demás que la Corporación estime convenientes.

Art. 62.—Los Tesoreros municipales disfrutarán por los fondos que recauden la cuota que fijen los Ayuntamientos del 5 al 8 p$.

Art. 63.—Las dudas que ocurran en la aplicación de este Reglamento, se resolverán por el Gobierno.

TRANSITORIOS.

1º. Las contribuciones de que trata este Reglamento comenzarán á causarse desde el 1º de Junio próximo.

2º. El primer entero se hará por el mes de Junio solo, no causando recargo el pago extemporáneo. si dependiere de que las calificaciones no estuvieren concluidas oportunamente.

3º. Las igualas y remates contratados hasta esta fecha por los Ayuntamientos y Jefes políticos, por contribuciones derogadas ó modificadas en su cuota por este Reglamento, quedarán insubsistentes desde el día 1º. de Junio próximo.

4º. Por esta vez no se necesitan las manifestaciones á que se refiere el artículo 28, y serán suplidas por las Juntas calificadoras.

Por tanto, mando se imprima, publique, circule y se le dé el debido cumplimiento.

Palacio del Gobierno del Estado. San Cristóbal Las-Casas, Abril veintiocho de mil ochocientos noventa y dos.—*Emilio Rabasa.*

CIRCULAR NÚMERO 585.

Procurando buscar el equilibrio posible en las contribuciones municipales que impone la ley reglamentaria de 28 de Abril último, y en uso de la facultad que al Ejecutivo acuerda el artículo 63, con motivo de una consulta del Jefe político de Pichucalco, ha tenido á bien resolver, que los agentes de establecimientos comerciales de fuera del Estado, que hagan sus ventas al por mayor, aunque no lleven consigo las mercancías, están comprendidos en el artículo 36 de dicha ley.

Comunícolo á Ud. por disposición Superior, para su conocimiento, haciendo saber esta resolución á los Ayuntamientos del Departamento de su mando; á fin de que ajusten á ella sus procedimientos.

Libertad y Constitución. Tuxtla Gutiérrez, Junio 29 de 1892.— *V. Figueroa*, O. M.—Al Jefe político de......

EMILIO RABASA, Gobernador Constitucional del Estado Libre y Soberano de Chiapas, á sus habitantes, sabed: que en uso de la facultad que me concede el artículo 2º. de la ley de 15 de Enero último, he tenido á bien decretar lo siguiente:

Art. 1º.—Se adiciona la tarifa contenida en el artículo 31 del Reglamento de impuestos municipales de 28 de Abril del presente año, en los siguientes términos:

I. Tiendas de abarrotes, lencería ó mixtas que tengan menos de $500 de capital, pagarán de 20 cts. á $1 mensual.

II. Tendajones de todas clases en que no se expendan licores embria-
gantes, pagarán de 40 cts. á $2 mensuales.

Art. 2º—Los Ayuntamientos, luego que reciban este decreto, fijarán,
para antes de dos semanas, el día en que las Juntas calificadoras deban
reunirse, para los efectos de estas adiciones.

Por tanto, mando se imprima, publique, circule y cumpla.

Palacio del Gobierno del Estado. Tuxtla Gutiérrez, Diciembre siete
de mil ochocientos noventa y dos.—*Emilio Rabasa.*

LEY DE RENTAS DE LOS HOSPITALES

*EMILIO RABASA, Gobernador Constitucional del Estado Libre y So-
berano de Chiapas, á sus habitantes, sabed, que el Congreso del mismo ha tenido á bien expedir el siguiente decreto:*

El XVII Congreso Constitucional del Estado Libre y Soberano de
Chiapas, en nombre del pueblo, decreta:

Art. 1º.—Se deroga el decreto número 37 de 9 de Mayo de 1887 que
designó las rentas de Hospitales en los Departamentos del Estado.

Art. 2º.—Formarán en lo sucesivo las rentas de dichos establecimientos:

I. Los créditos activos y réditos de capitales impuestos ó que en adelante se impusieren.

II. Los donativos y legados.

III. El 20 p§ sobre la contribución de patente, que cobrarán los municipios según el artículo 33 del Reglamento de impuestos municipales, fecha 28 de Abril del corriente año.

IV. Un 30 p§ sobre los impuestos designados en el artículo 3º. del
referido Reglamento.

Art. 3º.—La recaudación de la renta de Hospitales la efectuarán los
Tesoreros Municipales, al hacer efectivos los impuestos que correspondan
al Ayuntamiento.

Art. 4º.—En los cinco primeros días de cada mes entregarán los Tesoreros de los Ayuntamientos á los Hospitales, las cantidades recaudadas
en el mes anterior.

Art. 5º.—El Administrador del Hospital desempeñará la Tesorería del
mismo Establecimiento, devengando además de los honorarios que las le-

yes le asignan un 3 p⅊ sobre todo ingreso que no sea por obligación de capitales.

Art. 6º.—Los Tesoreros de los Ayuntamientos sólo percibirán un 3 p⅊ sobre las cantidades que recauden para los Hospitales.

El Ejecutivo dispondrá se imprima, publique, circule y cumpla.

Dado en el Salón de Sesiones, en San Cristóbal Las-Casas, á los dos días del mes de Junio de mil ochocientos noventa y dos.—*Arcadio García*, D. P.—*Manuel T. Corzo*, D. S.—*M. Suárez*, D S.

Por tanto, mando se imprima, publique, circule y cumpla.

Palacio del Gobierno del Estado. San Cristóbal Las-Casas, Junio dos de mil ochocientos noventa y dos.—*Emilio Rabasa.*

EMILIO RABASA, Gobernador Constitucional del Estado Libre y Soberano de Chiapas, á sus habitantes, sabed: que en virtud de la facultad que me concede el decreto de 30 de Diciembre de 1892, he tenido á bien decretar la siguiente

LEY DE IMPUESTO SOBRE ALCOHOLES.

CAPITULO I

De los licores alcohólicos que se fabriquen en el Estado.

Art. 1º. Desde el día 1º. de Agosto próximo, la fabricación de aguardiente de cualesquiera clases causará el impuesto de cuatro centavos por litro, suprimiéndose desde la misma fecha el impuesto municipal que pagan las fábricas.

Art. 2º. Todo el que pretenda fabricar licores alcohólicos, se presentará por escrito á la Jefatura política respectiva solicitando licencia para ello, y manifestando la clase y capacidad de sus aparatos de destilación. El Jefe político por sí ó por medio de la autoridad inferior ó agente que autorice, procederá á medir dicha capacidad, y otorgará la licencia, diciendo en ella el nombre del fabricante, la ubicación de la fábrica, la cantidad en litros que importe la producción diaria de licor, y la cuota también diaria que corresponda al interesado.

Art. 3º. La producción se calculará, considerando para los alambiques, ollas de metal ó con fondo de metal, cuatro cargas al día, y dos para ollas de barro. Cuando los alambiques fueren de un sistema superior á los comunes, por admitir mayor número de cargas diarias ó ser de destilación contínua, el Jefe político calculará la producción diaria por medio de informaciones y apreciación personal. El interesado puede acudir al Gobierno si no estuviere conforme, presentando las pruebas ó demostraciones que hubiere á su favor.

Art. 4º. La cuota se pagará por meses adelantados; á menos que el fabricante manifestare que hará uso de la licencia por menor tiempo, caso en el cuál, pagará el impuesto adelantado, que corresponda al número de días que él mismo fije. También se le admitirá si lo solicita, el pago adelantado por períodos, de dos, tres ó cuatro meses.

Art. 5ᶜ. El fabricante no está obligado á fijar el tiempo que hará uso de la licencia y aun cuando lo señale, la fabricación después del tiempo n-jado no se considerá clandestina, con tal de que no haya devuelto la licencia.

Art. 6º. El impuesto se causa por todo el tiempo que el fabricante conserve la licencia en su poder, excluyendo los domingos. El Jefe político practicará la liquidación hasta la fecha de devolución ó en caso de extravío de la boleta, hasta que éste se alegue. Desde este momento, la fabricación sin nueva licencia se considerará clandestina y se castigará como tal.

Art. 7º. La boleta se expedirá tomándola del libro talonario de que cada Jefatura estará provista; y se dejarán en el talón las anotaciones que contenga la boleta, suscribiéndose ambos por el Jefe político. Los libros talonarios concluídos se remitirán desde luego á la Tesorería.

Art. 8º. Cada Jefe político llevará un libro en que abrirá registro á cada fabricante que solicite licencia, encabezándole con las constancias de la boleta y en el cual anotará la fecha de ésta, los pagos que recibiere, la cantiuad periódicamente destilada y el número de días que la licencia estuviere vigente. La caducidad por devolución de la boleta se anotará en el registro. La expedición de nueva boleta al fabricante se asentará en el mismo registro.

Art. 9º. Si una boleta se destruyere ó extraviare al fabricante, ocurrirá éste por escrito al Jefe político manifestándolo así, bajo protesta. Si la fabricación no continuare se hará desde luego la liquidación: en caso de continuar, el Jefe político expedirá boleta manuscrita, conforme á las constancias del talón, expresando en ella que la expide por extravío ó destrucción de la primera.

Art. 10. Debe solicitarse nueva boleta siempre que se modifiquen los aparatos de destilación. En este caso, el Jefe político procederá de nuevo á medir la capacidad de aquéllos. No habrá necesidad de medirlos cuando un fabricante, que tuvo licencia y suspendió la fabricación, la solicita de nuevo manifestando que no ha modificado sus aparatos.

Art. 11. Todas las boletas serán canjeadas en la última quincena de Diciembre, por las del nuevo año fiscal. El Jefe político cancelará las antiguas con la palabra "Devuelta" fecha y firma, y las remitirá á la Tesorería dentro de la primera quincena de Enero. Las que se devuelvan durante el año serán remitidas á dicha oficina á fin de mes, con igual cancelación.

Art. 12. Se considerará clandestina la fabricación de licores espirituosos:

I. Cuando se haga sin licencia.

II. Cuando se haga en aparato de mayor capacidad que los denunciados y medidos.

III. Cuando sin modificar la licencia se aumenta el número de aparatos.

Art. 13. La fabricación clandestina se castigará por primera vez, con multa calculada á razón de seis pesos por litro de capacidad si se tratare de aparatos de metal y tres si de aparatos de barro. Por segunda vez se doblará la multa y por tercera, se impondrá también doble multa, se decomisarán los aparatos y el defraudador quedará inhabilitado para fabricar aguardiente durante cinco años.

Art. 14. Desde el momento en que un fabricante devuelve la boleta de licencia, debe desmontar sus aparatos de destilación. Si se encontrare un aparato montado en poder de persona no autorizada para fabricar, se le impondrá una multa de 1 á 10 pesos si fuere el aparato de barro y de 10 á 15 si fuere de metal. En caso de reincidencia se decomisarán los aparatos, repitiéndose la multa.

Art. 15. El comerciante, constructor de alambiques ó cualquiera otro que venda uno de estos aparatos, deberá dar aviso al Jefe político ó al Presidente Municipal de la persona que le hubiere comprado. La omisión de este aviso dentro de los primeros quince días de haber hecho la venta, se castigará con multa igual al 25 por ciento del valor del alambique.

Los avisos que reciban los Presidentes los comunicarán desde luego á la Jefatura; y ésta llevará un registro especial en que se anoten las enagenaciones de los aparatos.

Art. 16. La casa en que haya destilación deberá tener en el exterior en letra grande y bien visible el rótulo "Fábrica de aguardiente." La falta de éste se castigará con multa de 1 á 10 pesos, según la importancia del negocio.

Art. 17. Los causantes morosos sufrirán un recargo de 10 por ciento.

Art. 18. Los Jefes políticos devengarán los honorarios que fije el Ejecutivo para cada uno, entre el 7 y el 15 por ciento siendo de su cuenta los gastos de recaudación y el pago de agentes para vigilancia. Si se sirvieren para estos fines de los Presidentes ó agentes municipales, les abonarán la cuarta parte de los honorarios que ellos tengan asignados.

Art. 19. Los Jefes políticos, Agentes de Jefaturas y Presidentes Municipales, están autorizados para practicar visitas domiciliarias en las casas que tuvieren el rótulo que previene el Art. 16, acompañándose de dos testigos de asistencia. También podrá visitar cualquiera casa ó hacienda sospechosa que no tenga licencia; pero para ello acudirán al Juez ó alcalde respectivo quien decretará y practicará inmediatamente la diligencia acompañado de su Secretario ó testigos de asistencia y de la autoridad que la solicita.

CAPÍTULO II.

De los licores alcohólicos que se introduzcan en el Estado.

Art. 20. Los licores alcohólicos de cualquiera clase de producción acional que se introduzcan en el Estado, causarán el impuesto de cuatro centavos por litro, desde el 1º. de Agosto próximo. El pago se hará por los introductores ó consignatarios en el primer lugar del tránsito en que hubiere agente fiscal autorizado para el cobro.

Art. 21. El cobro de esta contribución queda á cargo de las Jefaturas políticas, las que tendrán por su cuenta los agentes que crean necesarios, y á quienes tienen obligación de auxiliar los Presidentes, agentes municipales y demás empleados de policía.

Art. 22. Los licores introducidos serán manifestados por escrito á la Jefatura ó autoridad inferior del lugar por el consignatario, sea que en el tránsito hayan pagado el impuesto (caso en el cual exhibirán el recibo correspondiente) sea que aun deba pagarse, por no haberse encontrado en el tránsito un agente fiscal.

Art. 23. Los conductores de carros, arrieros, patrones de canoa y demás porteadores que entren en el Estado conduciendo licores alcohólicos de producción nacional lo manifestarán así á la autoridad del primer lugar del Estado en que la haya, sea punto de destino ó sólo de tránsito, expresando el número de bultos que conduzcan, Estado de procedencia y nombre del consignatario. Si el lugar fuere de tránsito, la autoridad anotará la manifestación con la palabra "Presentada" fecha y firma, y la devolverá al porteador, para que la presente en el lugar de destino.

Art. 24. Los conductores de carga que no hicieren la manifestación á que se refiere el artículo anterior, serán castigados con multa igual al monto del impuesto correspondiente al licor introducido, ó no pudiendo saberse la cantidad de éste con multa de 10 á 100 pesos. Cuando los consignatarios no hicieren la manifestación que á ellos corresponde, se les aplicará el triple de estas penas.

Art. 25. Los Jefes políticos para comprobar sus cuentas relativas á este impuesto, remitirán á la Tesorería general las manifestaciones de los consignatarios.

CAPÍTULO III.

Disposiciones generales.

Art. 26. Los Jefes políticos negligentes en el cobro de este impuesto ó en la vigilancia que deben desplegar, serán castigados con destitución, sin perjuicio de ser consignados á la autoridad judicial cuando hubiere lugar á ello.

Art. 27. Desde el 1º. de Agosto próximo, el impuesto municipal sobre fincas urbanas corresponderá en su totalidad á los Ayuntamientos. en compensación del impuesto sobre fábricas de aguardiente que dejarán de percibir.

Por tanto, mando se imprima, publique, circule y cumpla.

Palacio del Gobierno del Estado. Tuxtla Gutiérrez, Junio treinta de mil ochocientos noventa y tres.—*Emilio Rabasa.*

SECCIÓN 1ª.—HACIENDA Y GUERRA.—CIRCULAR.

Dispone el Señor Gobernador que al medir la capacidad de los aparatos de destilación conforme á lo dispuesto en la ley sobre alcoholes de esta fecha, proceda Ud., para el mejor acierto, de la manera siguiente: Después de medir en litros la capacidad del recipiente, como no se aprovecha todo lo que éste puede contener, deducirá Ud. una cuarta parte; del resto considerará Ud. la sexta parte como producto alcohólico, cantidad que deberá multiplicar por cuatro para los alambiques ú ollas de metal y por dos para las de barro conforme al artículo 3º. de la ley relativa. El producto será el número de litros que Ud. debe considerar como destilación por día para fijar la cuota diaria que corresponda á la fábrica. En caso de alambique perfeccionado procederá Ud. conforme al citado artículo, calculando la producción diaria por la apreciación que Ud. haga mediante informaciones que reciba de personas idóneas ó peritos.

Libertad y Constitución. Tuxtla Gutiérrez, Junio 30 de 1893.—*Cruz.*

LEY DE IMPUESTO Á BENEFICIO DE LA INSTRUCCIÓN PÚBLICA

"EMILIO RABASA, Gobernador Constitucional del Estado Libre y Soberano de Chiapas, á sus habitantes, sabed: que el Congreso del mismo ha tenido á bien decretar lo siguiente:

El XVII Congreso Constitucional del Estado Libre y Soberano de Chiapas, en nombre del pueblo decreta:

CAPÍTULO I.

Impuesto personal.

Art. 1º. Se suprime el impuesto que con el título de prestación personal se ha exigido hasta ahora en el Estado á los varones de 16 á 60 años, consistente en cuatro días de trabajo aplicado á mejoras materiales, y se substituye con el de un peso anual que pagarán los mismos con destino al fomento de la Instrucción Pública. En consecuencia á nadie podrá exigirse en lo sucesivo ningún servicio personal á título de contribución, tequio para compostura de caminos, ni cualquier otro motivo de utilidad pública.

Art. 2º. Los sirvientes de las fincas pagarán la mitad de la cuota señalada en el artículo anterior. No se comprenden en esta excepción los llamados baldíos.

Art. 3º. El impuesto se pagará en los primeros quince días del mes de Marzo, haciéndose la recaudación por los Jefes políticos y sus agentes, con sujeción á lo dispuesto por la ley y reglamento relativos al impuesto de capitación. Ni los Jefes políticos ni los agentes disfrutarán honorarios por este cobro.

CAPÍTULO II.

Subvención Municipal.

Art. 4º. Los Ayuntamientos del Estado que tuvieren fondos contribuirán para el fomento de la Instrucción pública en su municipio, pagando de su erario cuarenta pesos mensuales por cada escuela de 1ª. clase que el Gobierno estableciere en su respectiva demarcación, veinte por cada una de segunda clase, y cinco por cada una de tercera, quedando exentos de la obligación de sostener por su cuenta establecimientos de enseñanza.

Art. 5º. El contingente de los Ayuntamientos se enterará por los Tesoreros Municipales en la Colecturía ó Sub-colecturía que corresponda, por mensualidades adelantadas. Los Tesoreros serán responsables de la falta de pago, en el concepto de que sólo es preferente al de Instrucción el pago de alimentación de presos.

Art. 6º. El Ejecutivo fijará el número de escuelas que debe haber en cada población y las clases á que correspondan, comunicándolo á la Tesorería, y dor conducto de los Jefes políticos á los Ayunaamientos respectivos. Toca al Ejecutivo señalar qué pueblos por falta de fondos deben quedar exentos del pago.

Art. 7º. El Gobierno cuidará de invertir anualmente, en favor de la Instrucción pública, una suma, por lo menos, igual á lo que produzcan los dos ramos que establece esta ley.

El Ejecutivo dispondrá se imprima, publique, circule.

Dado en el Salón de Sesiones, en Tuxtla Gutiérrez, á los veintiocho días del mes de Noviembre de mil ochocientos noventa y dos.—*Manuel Suárez*, D. P.—*Manuel T. Corzo*, D. S.—*Abel Rivera*, D S.

Por tanto, mando se imprima, publique, circule y cumpla.

Palacio del Gobierno del Estado. Tuxtla Gutiérrez Noviembre veintinueve de mil ochocientos noventa y dos.—*Emilio Rabasa.*

———— -

SECRETARÍA DEL GOBIERNO CONSTITUCIONAL DEL ESTADO
LIBRE Y SOBERANO DE CHIAPAS.

———

Art. 1º. Están exentos del pago del impuesto personal para fomento de la Instrucción Pública, los comprendidos en el artículo 3º. de la ley de capitación de 14 de Septiembre de 1892, con excepción de los que menciona la fracción V.

Art. 2º. Los dueños de fincas al enterar como agentes para el cobro, lo que corresponda á sus mozos por el impuesto á favor de la Instrucción, acompañarán una lista firmada por ellos, de los mozos que tengan á su servicio. Los Jefes políticos que reciban estas listas, las pasarán en copia á la Tesorería para que las tenga en cuenta en lo relativo al catastro.

Art. 3º. Los dueños de fincas que hagan figurar en sus listas como mozos á individuos que no tengan este carácter, serán castigados con multa de 25 á 100 pesos por primera vez, y arresto de quince días á treinta por las sucesivas. Estas penas serán impuestas por los Jefes políticos.

Por tanto, mando se imprima, publique, circule y cumpla.

Palacio del Gobierno del Estado. Tuxtla Gutiérrez, Marzo veintinueve de mil ochocientos noventa y tres.—*Emilio Rabasa.*

*Emilio Rabasa, Gobernador Constitucional del Estado Libre y Soberano
de Chiapas, á sus habitantes, sabed: que en uso de la facultad que me
concede el decreto fecha 30 de Diciembre último he tenido á bien decretar lo siguiente:*

Art. 1º. La cuota de que habla el art. 1º. de la ley de 29 de Noviembre de 1892, se reducirá en lo sucesivo á la de 80 centavos anuales que pagarán los varones de 16 á 60 años y se destinará al fomento de la Instrucción pública.

Art. 2º. Queda insubsistente la excepción hecha á favor de los mozos
de las fincas, en el art. 2º. de la propia ley, quienes en consecuencia, satisfarán la misma cuota que señala el artículo anterior.

Art. 3º. Se derogan los artículos 2º. y 3º. del decreto de 29 de Marzo de 1893.

Por tanto, mando se imprima, publique y circule.

Palacio del Gobierno del Estado. Tuxtla Gutiérrez, Febrero diez de
mil ochocientos noventa y cuatro.—*Emilio Rabasa.*

IMPUESTO SOBRE GANADO VACUNO PARA LA MATANZA

*JOSÉ MARÍA RAMÍREZ, General de Brigada y Gobernador Consti-
tucional del Estado Libre y Soberano de Chiapas á sus habitantes,
sabed: que el Congreso del mismo ha tenido á bien decretar lo siguiente:*

El XIV Congreso constitucional del Estado Libre y Soberano de Chiapas, en nombre del pueblo, decreta:

Art. 1º.—El ganado vacuno que se beneficie para su venta al tajo en
las poblaciones, haciendas, ranchos y cualesquiera otros lugares del Estado, causará en favor del erario del mismo, las cuotas siguientes:

I. Por cada toro ó vaca de pasto común ó de repasto, un peso cincuenta centavos.

II. Por cada novillo de pasto común ó de repasto, dos pesos

Art. 2º. Toda persona que introduzca ganado para beneficiar, tendrá la precisa obligación de presentar á la primera autoridad municipal de la localidad, constancia escrita, firmada por el vendedor, para acreditar la procedencia, número, género y fierro de las reses. Dicha autoridad razonará con la fecha respectiva y al calce de la constancia, la presentación de ella y estampando su rúbrica y el sello de la oficina; llevará un registro mensual de las reses introducidas, en el que anotará los nombres del vendedor y comprador, el número, y fierros del ganado, remitiendo á la Tesorería general del Estado por el primer correo de cada mes, aviso del número y género de las reses introducidas en todo el mes anterior.

Art. 3º.—La constancia escrita y razonada de que trata el artículo anterior, será presentada original, por el mismo introductor, á la oficina colectora de las rentas del Estado, para el efecto de que en su conformidad haga el pago de las cuotas, y se archiven formando un legajo mensual.

Art. 4º.—Los dueños del ganado que se introduzca á las poblaciones para su beneficio, y que no reconozcan otra procedencia que la de su misma propiedad, se presentarán á manifestar á la autoridad referida el número y género de las reses, para que las incluya en el registro y les libre la constancia respectiva.

Art. 5º.—La falta de presentación de la constancia á que se refiere el artículo 3º, la de la manifestación que prescribe el anterior, ó la supresión parcial de la cantidad de las reses introducidas, motivará el pago de triples derechos que se cobrarán por la oficina exactora con audiencia del responsable.

Art. 6º.—Los vendedores de ganado á la clase indígena y á los beneficiadores del mismo ramo en las haciendas, ranchos y lagares fuera de poblado ya sea para vender la carne desde luego ó salándola para expenderla después, satisfarán el impuesto correspondiente á la oficina exactora en el municipio respectivo, si así no lo hicieren y se descubriere el fraude, para lo cual se pondrá todo empeño y vigilancia por los empleados exactores, pagará el causante triple impuesto que figurará en el libro de cargo, á fin de hacer los ingresos con cuenta y razón á donde pertenezcan.

Art. 7º.—Las autoridades y funcionarios de que habla esta ley, que no cumplan con los deberes que ella les impone, para lo cual serán vigilados por sus inmediatos superiores, son responsables pecuniariamente de los perjuicios que su omisión origine á la hacienda pública ó á los particulares, y si su falta importare algún delito conforme al Código Penal, se consignarán á la autoridad competente para que los juzgue.

Art. 8º—Los colectores para el mejor lleno de su encargo, nombrarán bajo su responsabilidad, en los pueblos de su demarcación donde no residan, sub-colectores que recauden la presente contribución.

Art. 9º. Queda derogada la ley de 28 de Noviembre de 1884.

El ejecutivo dispondrá se imprima, publique y circule.

Dado en el salón de sesiones del Congreso, en San Cristóbal Las-Casas, á los seis días del mes de Enero de mil ochocientos ochenta y seis.— *Julian Grajales*, D. P.—*C. Laguna G.*, D. S.—*Vicente S, Ramirez*, D. P. S.

Por tanto mando se imprima, publique circule y cumpla.

Palacio del Gobierno del Estado. San Cristóbal Las-Casas, Enero seis de mil ochocientos ohenta y seis.—*José María Ramírez.*

IMPUESTO SOBRE INDUSTRIA DE TRANSPORTE

EMILIO RABASA, Gobernador Constitucional del Estado Libre y Soberano de Chiapas, á sus habitantes, sabed: que el Congreso del mismo á tenido á bien decretar lo siguiente:

El XVII Congreso Constitucional del Estado Libre y Soberano de Chiapas, en nombre del pueblo, decreta:

Art. 1º.—Las industrias de transporte pagarán desde el día 1º de Enero próximo, el impuesto que señala esta ley en lugar de la que hasta hoy han pagado consideradas como giros mercantiles.

Art. 2º.—Los transportes de fuera pagarán por cada viaje de más de ocho leguas las cuotas siguientes:

	DE 8 Á 20 LEGUAS.	DE 20 Á 50.	POR MÁS DE 50.
Por cada carro de cuatro ruedas cargado..........................	tres pesos	seis pesos	ocho pesos
Por cada carro de dos ruedas ó carreta común cargada............	un peso	dos pesos	tres pesos
Por cada mula cargada............	nueve cts.	diez y ocho cts.	veinticinco cts.
Por cada caballo ó burro cargado...	cuatro cts.	ocho cts.	doce cts.

Art. 3º.—Los porteadores al tomar flete en un lugar en que haya Colector, Subcolector ó cualquier otro Agente fiscal, manifestarán á éste los datos necesarios para formar la boleta que el empleado les expedirá previo el pago del impuesto y en la que constará lo siguiente: el punto de partida y el lugar á donde termine el contrato del porteador, el nombre de éste y el del consignatario, el número de vehículos ó acémilas que ha de emplear, si conduce ó no aguardiente del país, y la suma pagada.

Art. 4º.—Si el flete se tomare en lugar en que no haya Agente fiscal, los porteadores recogerán la boleta y harán el pago en el primer punto del tránsito en donde lo hubiere, manifestando el lugar de que partieron. Si en ningún punto del tránsito hubiere Agente, la manifestación y pago debe hacerse ante el del lugar de destino, presentando los vehículos ó acémilas antes de descargar.

Art. 5º.—Los Colectores, Presidentes municipales y demás Agentes fiscales, vigilarán cuidadosamente para impedir el fraude, que se castigará con multa igual á cinco tantos de lo defraudado en los casos siguientes:

I. Cuando manifestando cierto número de vehículos ó acémilas, fuere mayor el de unos ú otros que salieren ó llegaren cargadas.

II. Cuando vehículos ó acémilas se cargaren á la salida con exceso, para dividir la carga en el tránsito.

III. Cuando manifestados vehículos ó acémilas de cierta clase, se emplearen de otra sin causa justificada y manifestada al primer Agente fiscal del tránsito.

IV. Cuando el viaje se haga á mayor distancia de la manifestada en la boleta.

V. Cuando para evitar ó disminuir el pago se haga escala de ocho leguas ó menos.

Art. 6º. El porteador que sin manifestarlo, conduzca aguardiente elaborado dentro de la República, pagará una multa de cinco centavos por litro que haya recibido en la carga, á no ser que justifique haber sido engañado por el remitente, caso en el cual éste pagará la multa.

Art. 7º. Se castigará con pago doble del impuesto á los porteadores sorprendidos sin boleta al salir de un lugar en que haya Agente fiscal, á los que llegaren al de término sin boleta, habiendo partido de un punto ó tocándolo con el tránsito, en donde hubiere Agente del fisco, y á los que llevando boleta no la presentaren á los Agentes del tránsito y al del lugar del término.

Art. 8º. El Agente del lugar en que el porteador concluye su contrato, recogerá la boleta, y á fin de que cada mes, remitirá coleccionadas á la Tesorería todas las que hubiere recogido.

Art. 9º. Se exceptúan del pago de este impuesto:

I. Los vehículos ó carros empleados en el servicio de negociaciones mineras, exoneradas de impuestos por leyes ó contratos federales, siempre que transporten metales, maquinarias, instrumentos ó víveres de la negociación.

II. Los que se empleen en transportes de cargas pertenecientes al Gobierno general ó del Estado.

III. Las mulas que conduzcan cargas indivisibles que exceda de diez y seis arrobas, aun cuando se empleen varias en el transporte.

IV. Las acémilas que hagan viaje entre Salto de Agua y San Cristóbal ú Ocosingo: entre cualesquiera puntos en la línea de El Pié de la Cues-

Geografía 17.

ta, Simojovel y San Cristóbal; en la línea de Pichucalco á Bochil ó de Pichucalco á Tuxtla por San Fernando las Animas, y en línea de Quechula ó Copainalá á Tuxtla. Esta exención surtirá sus efectos respecto de cada línea, hasta que, debidamente reparados los caminos á que alude, la declare sin valor el Ejecutivo.

Art. 10.—Los capitales invertidos en el Estado en empresas de descarga de buques, pagarán cada uno una cuota mensual de treinta á cien pesos, que fijará el Tesorero general.

Señaladas las cuotas los interesados podrán representar ante el mismo funcionario, para que las rebaje si encontrare la reclamación justificada. Contra la segunda resolución del Tesorero no se admite recurso; y sólo será admisible nueva calificación cuando la empresa haya disminuído notoriamente sus productos.

El Ejecutivo dispondrá se imprima, publique y circule.

Dado en el Salón de sesiones, en Tuxtla Gutiérrez, á los doce días del mes de Diciembre de mil ochocientos noventa y dos.—*Pomposo Castellanos*, D. P.—*Yeudiel Moreno*, D. S.—*Manuel T. Corzo*, D. S.

Por tanto, mando se imprima, publique, circule y cumpla.

Palacio del Gobierno del Estado. Tuxtla Gutiérrez; Diciembre catorce de mil ochocientos noventa y dos.—*Emilio Rabasa*.

SECCIÓN 1ª.—NÚMERO 16.

Con motivo de consulta que con fecha 10 del presente dirijió á esta Tesorería el Colector de rentas del Departamento de Comitán, sobre si están comprendidos y sujetos al pago del impuesto sobre Industrias de Transportes los propietarios de fincas rústicas que con sus propias acémilas conduzcan á más de 8 leguas los esquilmos de sus respectivas fincas, la misma general del Estado ha resuelto lo siguiente:

"Que gravando la ley la industria y no dedicándose á ella los dueños de fincas rústicas al hacer transportar con acémilas de su propiedad los productos de sus respectivas haciendas, no deben dichos propietarios causar el mencionado impuesto."

Lo cual transcribo á Ud. para su conocimiento.

Libertad y Constitución. Tuxtla Gutiérrez, Marzo 13 de 1893.—*A Pacheco Romero*.—A los Colectores de Rentas del Estado.

FIN

INDICE

	Págs.
CHIAPAS.	5
I. Datos geográficos	5
Situación geográfica.	5
Configuración física.	5
Mesas ó altiplanicies	7
Ríos y lagos	7
II. Productos	10
III. Gobierno	10
IV. Población y división política.	11
DEPARTAMENTO DE MEZCALAPA.	13
Habitantes según el censo de 1892.	15
DEPARTAMENTO DE PICHUCALCO	16
Habitantes según el censo de 1892.	18
DEPARTAMENTO DE SIMOJOVEL.	19
Habitantes según el censo de 1892.	21
DEPARTAMENTO DE PALENKE.	22
Las ruinas.	24
Habitantes según el censo de 1892.	26
DEPARTAMENTO DE CHILÓN.	27
Habitantes según el censo de 1892.	30
DEPARTAMENTO DE COMITÁN	31
Habitantes según el censo de 1892.	34
DEPARTAMENTO DE LAS CASAS.	35
Habitantes según el censo de 1892.	38
DEPARTAMENTO DE CHIAPA.	39
Habitantes según el censo de 1892.	42

DEPARTAMENTO DE LA LIBERTAD................................ 43
Habitantes según el censo de 1892............................. 45
DEPARTAMENTO DE TUXTLA...................................... 46
Habitantes según el censo de 1892............................. 50
DEPARTAMENTO DE TONALÁ...................................... 51
Habitantes según el censo de 1892............................. 56
DEPARTAMENTO DE SOCONUSCO................................... 57
Habitantes según el censo de 1892............................. 61

SEGUNDA PARTE

INFORMACIONES SOBRE CHIAPAS

CAFÉ.—I. Informe sobre el cultivo del café en el Departamento
de Soconusco... 63
Informe sobre el cultivo del café en el Municipio de Tuxtla Gu-
tiérrez, seguido del cálculo exacto del costo de una plantación de
10,000 árboles y sus rendimientos hasta la edad de 7 años........ 69
Semilleros.. 70
Almácigas.. 71
Transplante.. 72
Costo de plantación de 10,000 cafetos................... 75
CULTIVO DEL COCOTERO.—(Cocus nucífera)................. 79
CACAO.—Informe sobre su cultivo en el Departamento de Pichu-
calco, por el Lic. Manuel E. Cruz, propietario en el mismo Departa-
mento.. 83
Cálculo para un plantío de 10,000 árboles de cacao.......... 85
TABACO.—Informe sobre el cultivo y costo de una plantación de
tabaco en el Departamento de Simojovel, por el Señor Eduardo Ra-
basa... 88
CAÑA DE AZÚCAR.—Cultivo de la caña de azúcar en el Departa-
mento de Pichucalco... 93
La caña de azúcar en el Departamento de Chilón............. 97
HULE.—(Siphonia clástica).................................. 99
ACHIOTE.—(Bixa orellana)................................... 102
AÑIL.—(Indigófera tinctorea). I. Su cultivo y elaboración en el
Estado de Chiapas... 104
II. Obrajes.. 106

III. Corte y elaboración............................. 107
IV. Propiedades del añil............................. 109
V. Prueba del añil................................. 110
RESUMEN del censo general del Estado según el empadronamiento practicado en Julio de 1892.................... 113
Propiedad territorial en el Estado en 1892.............. 114
Valor de la propiedad rústica en el Estado, según el catastro de 1892................................... 114
Ingresos al Tesoro del Estado en el año de 1893.......... 115
Exportación por el puerto de Tonalá desde el 1º de Julio de 1893 al 30 de Junio de 1894...................... 116
Plantaciones de café y cacao en 1893.................. 117
Ganado vacuno y yegüerizo existente en las haciendas del Estado en 1893.................................. 118
Temperaturas medias de varios lugares del Estado......... 119
Altura sobre el nivel del mar en varios puntos del Estado..... 122
Medidas agrarias................................. 123
Itinerario general del Estado......................... 127
Itinerario de San Gerónimo á Tuxtla Gutiérrez............ 130
Itinerario de Tuxtla Gutiérrez á San Francisco Motozintla.... 131
Itinerario de Tuxtla Gutiérrez á Pichucalco, vía Chiapa...... 132
Itinerario de Tuxtla Gutiérrez á Pichucalco, vía Chicoasén.... 133
Itinerario de Tuxtla Gutiérrez á Salto de Agua........... 134
Itinerario de Arista á Tuxtla Gutiérrez................. 135
Itinerario de Tonalá á Tapachula..................... 136
Itinerario de Pichucalco á San Cristóbal Las Casas........ 137
Itinerario de Pie de la Cuesta á San Cristóbal Las Casas..... 138
Itinerario de San Cristóbal Las Casas á Comitán.......... 139
Itinerario de San Cristóbal Las Casas á Ocosingo.......... 140
Itinerario de Comitán á Ocosingo..................... 141
Itinerario de Ocosingo á Salto de Agua................. 142
Itinerario de Comitán á Nenton...................... 143
Itinerario de Comitán á Tapachula.................... 144
Línea de vapores de la Compañía de la Mala del Pacífico..... 145
Empresa de lanchas.............................. 150
DE LAS CONTRIBUCIONES............................ 151
Ley de ingresos para el año de 1895.................. 152
Ley de capitación............................... 155
Ley del impuesto sobre giros mercantiles.............. 156
Ley del impuesto sobre herencias y legados............. 160
Ley de catastro................................. 162

Ley sobre calificación de fincas rústicas.... 164
Ley de rentas municipales............................... 169
Reglamento de la ley de impuestos municipales...... 170
Capítulo I. De las contribuciones impuestas por la ley de 4 de
Mayo de 1887 170
Capítulo II. De la contribución sobre fincas urbanas........ ... 172
Capítulo III. Del diez por ciento sobre la contribución de fincas
urbanas................... 173
Capítulo IV. De la contribución sobre terrenos eriazos....... 174
Capítulo V. De la contribución sobre profesionales y ejercicios
lucrativos.. 175
Capítulo VI. De la contribución de patente 176
Capítulo VII. Del impuesto sobre diversiones públicas........ 177
Capítulo VIII. De las Juntas calificadoras.................. 177
Capítulo IX. De las Juntas revisoras...................... 178
Capítulo X. Prevenciones generáles...................... 179
Circular número 585...................................... 181
Ley de rentas de los hospitales........................... 182
Ley de impuesto sobre alcoholes 183
Capítulo I. De los licores alcohólicos que se fabriquen en el Es-
tado.................. 183
Capítulo II. De los licores alcohólicos que se introduzcan en el
Estado 186
Capítulo III. Disposiciones generales..................... 187
Sección 1ª.—Hacienda y Guerra.—Circular................ 187
Ley de impuesto á beneficio de la instrucción pública.. 188
Capítulo I. Impuesto personal............................ 188
Capítulo II. Subvención municipal........................ 188
Impuesto sobre ganado vacuno para la matanza............. 190
Impuesto sobre industria de transporte.................... 192

CPSIA information can be obtained at www.ICGtesting.com
Printed in the USA
BVOW11s0252230514

354292BV00007B/196/P